张杨
(Maggie)

/

著

深度陪伴

如何高质量地陪伴孩子

北京理工大学出版社
BEIJING INSTITUTE OF TECHNOLOGY PRESS

版权专有 侵权必究

图书在版编目（CIP）数据

深度陪伴 / 张杨著. —北京：北京理工大学出版社，2018.7（2020.1重印）

ISBN 978-7-5682-5565-3

Ⅰ.①深… Ⅱ.①张… Ⅲ.①儿童教育—家庭教育 Ⅳ.①G782

中国版本图书馆CIP数据核字（2018）第071995号

出版发行 / 北京理工大学出版社有限责任公司
社　　址 / 北京市海淀区中关村南大街5号
邮　　编 / 100081
电　　话 / （010）68914775（总编室）
　　　　　（010）82562903（教材售后服务热线）
　　　　　（010）68948351（其他图书服务热线）
网　　址 / http://www.bitpress.com.cn
经　　销 / 全国各地新华书店
印　　刷 / 三河市金元印装有限公司
开　　本 / 710毫米×1000毫米　1/16
印　　张 / 17.5　　　　　　　　　　　　　责任编辑 / 李慧智
字　　数 / 266千字　　　　　　　　　　　　文案编辑 / 李慧智
版　　次 / 2018年7月第1版　2020年1月第2次印刷　责任校对 / 周瑞红
定　　价 / 49.80元　　　　　　　　　　　　责任印制 / 边心超

图书出现印装质量问题，请拨打售后服务热线，本社负责调换

[目录]

自序   001

第一章　深度陪伴，不只是陪伴
一、深度陪伴，可以疗愈一切亲子问题   009
二、要做到深度陪伴，谈何容易   011
三、Maggie 的深入陪伴：能自我安抚的孩子   014
四、Maggie 的深入陪伴：魔法亲亲，给我力量   016
五、Maggie 的深入陪伴：孩子，是我们的镜子   019
六、Maggie 的深入陪伴：经由孩子，理解了母亲   022

第二章　培养有幸福感的孩子
一、父母如何与孩子建立联结   027
二、懂孩子，才能进入他们的世界   033
三、错位的大小事儿   037
四、不要跟孩子较劲儿   043
五、给孩子足够的空间，让他们自由成长   048
六、孩子不合作，用游戏搞定   051
七、孩子，你只需要每天进步一点点   056

第三章　深度陪伴没有诀窍，唯有用心
一、早晨的黄金半小时   061
二、下班后的水晶一小时   067

三、晚饭后的钻石两小时　　071
　　四、碎片的珍珠时间　　076
　　五、深度陪伴三步骤　　082

第四章　深度陪伴，培养能玩会学的孩子
　　一、你阅读，孩子才阅读　　089
　　二、来一场家庭"绘画手工班"　　094
　　三、零基础英语启蒙，如此简单　　100
　　四、每天十分钟的国学启蒙　　108
　　五、保护孩子的提问能力　　111
　　六、玩中学与问中学　　116
　　七、仪式感，让孩子成为"有情"的人　　120

第五章　孩子高情商源于深度陪伴
　　一、处理好孩子的负面情绪　　127
　　二、当好"第二只小鸡"，缓解孩子焦虑　　133
　　三、同理心让孩子更受欢迎　　137
　　四、培养孩子的社交商　　142
　　五、提升孩子胆量的五步法　　149
　　六、有力量和智慧，才能对校园霸凌说"NO"　　157

第六章　情绪平和才有好陪伴
　　一、对习惯性吼叫说"不"　　167
　　二、特别抓狂的时候，怎么办　　171

三、不做"踢猫"的父母　　174
　　四、放下比较心和面子　　176
　　五、情绪管理的核心——觉察力　　181
　　六、你可以有情绪低落的时候　　185
　　七、不要为打翻的牛奶哭泣　　189

第七章　做好时间管理才能深度陪伴
　　一、做好计划和准备　　195
　　二、不要苛求完美　　199
　　三、具备这三种能力，不亚于一位 CEO　　201
　　四、学会复盘，才有成长　　207

第八章　深度陪伴"最后一公里"
　　一、给你几个早起的好方法　　213
　　二、算算微信上花了多少时间　　219
　　三、如何鼓励爸爸参与育儿　　223
　　四、用爱化解隔代养育冲突　　229
　　五、爱孩子，更要爱自己　　233

第九章　我的私房育儿经
　　一、如何应对孩子看电视、打游戏的问题　　239
　　二、合理引导孩子吃零食　　244
　　三、孩子害怕打针怎么办　　249
　　四、如何让孩子爱上学习　　251

五、今天的慢是为了明天的快　　　　　　　　257
六、教会孩子从错误中学习　　　　　　　　　262
七、拒绝不等于伤害，它通往自由　　　　　　265
八、如何培养有自主判断力的孩子　　　　　　269

自序

> 这个世界上所有的爱都以聚合为最终目的,只有一种爱以分离为目的,那就是父母对孩子的爱。
>
> ——英国心理学家 希尔维亚·克莱尔

父母深度陪伴自己的孩子,是希望孩子能够带着幸福生活的能力和父母分离。在我没有成为一名母亲之前,我从来没有想过,深度陪伴孩子成长的过程,能够带给自己如此大的改变。

毫不夸张地说,因为有了乐乐,我的整个人生轨迹都发生了改变。

首先,我明白了所谓天赋使命这件事——成为一名母亲后,我每天都怀着愉悦的心情呵护他的成长;其次,我学会了控制自己的情绪——我不再那么容易情绪失控,而是给孩子树立一个积极向上的母亲形象;最后,我学会了享受生活——在自己收获幸福的同时,也让家庭变得更加温馨而和美。

深度陪伴，就是与孩子建立亲密信任的关系

我出生于一个传统的教师家庭，在结婚之前是一个标准的乖乖女。1999年，我顺利地进入南开大学就读，2003年毕业后就一直在外企工作。在成立"快乐妈妈大本营"之前，我在跨国游戏公司Ubisoft工作了很多年，这家游戏公司的总部位于法国，它不仅有着非常人性化的企业文化和充满激情的同事，还有着让许多人都向往的办公环境，发行了诸如《刺客信条》《波斯王子》等全球知名的视频游戏。而在Ubisoft的工作经历，让我明白了什么是真正的影响力。

"影响力"不是靠权威，不是靠我们的身份，而是靠我们的人格魅力。

在我后来育儿的道路上，我一直运用这种"影响力"去和乐乐相处。每次与孩子发生冲突，我总会想，现在不是动用自己作为父母权威的时候，而是要用自己的"影响力"去解决冲突的时候。

那么，作为父母，我们的影响力是什么呢？

我认为，与孩子建立亲密、信任的关系就是我们的影响力，这也是贯穿本书的核心理念。

我们在深度陪伴孩子的过程中，不要动用我们的权威，而要通过与孩子的沟通交流去引导孩子健康成长。

深度陪伴，离不开父母全情的投入和观察

小时候我住在父亲所在的学校里面，每天父母都有大量的时间陪伴我，但是那时候我的内心却特别孤独，因为弟弟的出生，让我感觉父母不再那么爱我。我到现在还清晰地记得，有一次父母带我去乡下的爷爷家，我故意跑到爷

爷家对面的一个小山坡上躲了起来，然后任我的父母焦急地呼喊我的名字。这次"经历"，让我享受到了那种久违的被关注、被担心的感觉，也让我获得了满满的安全感。正是这次的事情，让我明白父母依然在意我，我也不再感到孤独。

这就是孩子眼中的陪伴，它既不是父母给他吃好穿好，也不是父母陪他玩耍，而是自己是否是父母在乎的那个人。孩子要的其实不是仅仅在身边的"陪伴"，而是"在乎"。其实，这份在乎就是爱！在孩子的心里，无论自己多么调皮，无论自己做错了什么，无论自己用多么苛刻的方式去考验父母对自己的爱，孩子都认为父母应该永远爱自己。

这其实也是本书的另外一条主线，即孩子任何不当行为背后都是在呼唤爱。

也许两岁的孩子会对你大吼大叫；四岁的孩子会恶毒地对你说"你去死吧，我不爱你了，妈妈"；五岁的孩子会像我小时候那样故意躲起来让父母找，甚至闹着要离家出走；八岁的孩子会沉迷于网络游戏；十岁的孩子会厌学不做作业……无论孩子的行为让作为父母的我们多么着急和心痛，我们都要明白他们这些行为其实都是在呼唤爱。

孩子得到了父母的爱，他们才会获得安全感，才会在爱的感召下慢慢回归本来的样子。其实，孩子需要的这份确认，只需通过每一天的深度陪伴，就可以让孩子感受到。本书不仅能帮助父母学会如何去识别孩子行为背后的需求和情绪，还能帮助父母学会用爱的方式去回应孩子的行为。

深度陪伴，就是让父母和孩子双方都感觉愉悦

2011年的时候，一个小生命悄悄地来到了这个世界上，第一次去做B超的时候，他的直径才0.7厘米，他就是照亮我整个生命的小乐乐。我记得乐爸曾

对我说过这样一句话:"现在你当妈了,总是发脾气,对乐乐也不好啊。"虽然我知道自己脾气不好,认识乐爸之后也通过不断努力改进了很多,但是看到B超的那一刻,我才真正有了改变自己的暴躁脾气,学着做一位脾气温和的母亲的想法。

于是,我开始疯狂地看书,泡育儿论坛,和妈妈们交流,密集地参加各种课程,后来自己组建妈妈社群,甚至建立共修小组……

从怀孕开始我就写育儿日记,如今已经坚持六年了。在这育儿日记中我记录了乐乐的点滴成长,从他在我的肚子里胎动,到他出生后咿咿呀呀说话,再到他迈出第一步,我都做了详细记录。如今我还在坚持记录乐乐的成长,并不时翻看这本育儿日记。这本育儿日记不仅记录了乐乐的成长历程,也记录了我自己的育儿经历及控制情绪的努力过程。所以,每当妈妈们说,她们的情绪很容易失控,不知道怎么办时,我都会用自己的经历告诉她们:当下的你虽然很无助,但是,只要你愿意正视自己的问题,你就能慢慢变得平和。

这也是为什么我一直在致力推广"平和养育"的原因,因为很多时候,就算我们知道了育儿的方法,可是如果自己不能保持平和的心态,就不能落实到行动中去,那我们的愿望和实际的现状就会有一个很大的落差,而这个落差会带给我们深深的无助感。

只有通过正确的方法不断释放我们的不良情绪,才有可能做到以平和的心态去养育孩子。对于情绪容易失控的父母来说,养育孩子的过程其实也是学习控制自己情绪的过程。

我们在深度陪伴孩子的过程中,会从孩子身上学会接纳和爱,因为孩子暖心的一些话语和举动会让我们自然而然地收敛脾气,让我们的心态变得平和。但是,我们首先要腾出时间用心去陪伴孩子,而不是把陪伴当成任务进行敷衍。

知晓了父母影响力的真谛以及孩子内心真正的需求是什么,同时能以平和的态度用心陪伴孩子,我们就能做到有效地陪伴孩子了。

中国传统的育儿观念中,孩子是家庭的核心。但我认为,一个家庭的核心应该是妈妈。为什么我会提出这种观点?这是因为大部分家庭中妈妈陪伴孩子的时间最多，在很多家庭中，妈妈陪伴孩子的时间甚至可以占据父母陪伴孩子总时间的95%以上。从这点可以看出，妈妈对孩子的影响非常大，甚至可能影响孩子的一生。

美国迈阿密大学医学院教授蒂法妮·菲尔德，也是《婴儿世界》一书的作者，曾经做过一项研究：与患抑郁症的妈妈相处的婴儿会出现抑郁、愤怒以及烦躁不安等情绪，并且缺乏活力，对周围环境的参与度很低。这项研究表明：自身缺乏安全感或情绪管理不当的妈妈，是很难带出拥有健康人格的孩子的。

妈妈快乐，孩子才会快乐，一家人才会快乐。正因如此，我创立了"快乐妈妈大本营"。我希望通过"快乐妈妈大本营"关爱更多的妈妈，让千万妈妈变得更加快乐，从而让这千万个家庭的孩子变得快乐，并让这千万个家庭变得快乐。

当然，这并不是说，在养育孩子的过程中爸爸的角色就变得可有可无。爸爸和妈妈对孩子的影响各不相同，妈妈可以带给孩子关爱，让孩子拥有安全感，并让孩子学会关爱别人；而爸爸会教会孩子独立，让孩子明白做人要勇敢和有担当。因此，孩子需要父母的深度陪伴，这样孩子才能享有一个美好的童年，才能成长为一个身心健康的人，从而才能带着幸福生活的能力和父母分离。

深度陪伴，无论对自己还是对孩子，都是一种巨大的精神滋养和心灵疗愈。

为了帮助大家更好地理解本书每一个章节的内容，并方便大家灵活地运用到自己的育儿生活中，笔者针对每章内容制作了视频，大家可通过扫描本书封底的二维码进行观看。

第一章
深度陪伴，不只是陪伴

一、深度陪伴，可以疗愈一切亲子问题

二、要做到深度陪伴，谈何容易

三、Maggie 的深入陪伴：能自我安抚的孩子

四、Maggie 的深入陪伴：魔法亲亲，给我力量

五、Maggie 的深入陪伴：孩子，是我们的镜子

六、Maggie 的深入陪伴：经由孩子，理解了母亲

第一章 深度陪伴，不只是陪伴

我们这一代父母最稀缺的是时间，所以对孩子的陪伴就成了一件"奢侈品"。很多父母觉得工作之余能腾出时间陪伴孩子就已经不错了，哪里还会有多余的精力去想怎么陪伴才是最好呢？可正是因为陪伴孩子的时间有限，我们才更要用心思考，如何在有限的时间里做到最有质量的陪伴。否则陪伴的时间花了，却收不到很好的效果，岂不是很可惜！本书给出的一些专业建议能够给父母指导，让他们绕开花时间探索正确陪伴孩子的过程，从而尽快给予孩子深度陪伴。

深度陪伴，可以疗愈一切亲子问题。

很多孩子的行为出现问题，其实大部分都是亲子关系出现了问题。如果我们只看到孩子的行为出现偏差，而看不到行为背后反映出来的亲子问题，可能就会造成不能及时有效地纠正和改善孩子的情况。深度陪伴，可以让我们和孩子建立良好的亲子关系，让我们和孩子彼此信任和理解，从而在我们发现孩子出现问题时能够及时地对其进行纠正。

深度陪伴，可以帮助我们疗愈来自原生家庭的情绪问题。

婴儿从发出第一声啼哭开始，就在体验着这个世界带给他的各种情绪。在过往几十年的生活中，我们的家庭、学校、社会、工作环境带给我们的各种负面情绪，如果没有机会得到及时的释放，这些情绪就会一直积压在我们的身体里面。除非有机会去疗愈，否则它不会自动离开我们的身体。而深度陪伴孩子的过程就是一个最佳的机会，它不仅能帮助我们去发现这些情绪问题，还能帮助我们去疗愈这些情绪问题。

为了帮助大家了解深度陪伴不只是陪伴的意思，在本章后半部分，我会给大家分享四个我和乐乐的故事。

一、深度陪伴，可以疗愈一切亲子问题

记得在微信群里，我收到一位妈妈的求助，她家早上发生的事情让她痛彻心扉。

"Maggie老师，有件事情想向你求助。今天下了很大的雨，我给孩子请假让他在家休息。吃早餐的时候他想要奶奶喂，可奶奶和他开玩笑说不喂他，我也在旁边打趣道'那就去上学吧'。没想到孩子听了这句话马上大哭起来，暴躁地冲我喊：'妈妈走！你不是我妈妈！我没有妈妈！'听了这话，我顿时火冒三丈，可又无可奈何，于是只能夺门而出，冒着大雨去上班。现在我感觉胸口都要炸裂了，难受得很。我不知道孩子为什么会这样！Maggie老师，你说我该怎么办？"

我的第一反应就是，这位妈妈和孩子之间一定发生过什么，才会让孩子如此对她。于是，我花了一些时间倾听她的故事，希望帮她找到原因。

后来了解到，这位妈妈生完孩子的头两年一直状态不佳，与家人的育儿观存在很大分歧，又要兼顾家庭和工作，导致她渐渐从一个活泼开朗的女人变成了一个充满负能量的小怨妇。

在这种状态下,她自顾不暇,又怎能无微不至地照料孩子呢?于是,她从来没给过孩子好脸色。直到孩子对她表现出疏离和抗拒,对奶奶表现出喜欢和依赖,她才意识到自己和孩子之间出了一些问题。

后来这位妈妈在我的帮助下,意识到了孩子这样对待自己的原因,并参加了我的线上课程,经过一年的学习和蜕变,她跟我分享了她现在的心情。

她说:"Maggie老师,我现在感觉自己的心里有一条隧道,能通往孩子的心。现在,他愿意跟我交流,每天都会缠着我,对我撒娇、撒野,有时还会对我卖萌,向我进行'情感勒索'。"

听到这位妈妈后来的反馈,我特别开心,因为这也印证了我一直想要去传递的理念——深度陪伴,可以疗愈一切育儿问题。

很多时候,当我们的孩子表现出行为乖张,言语恶毒尖锐的时候,作为父母的我们,总会下意识地想去制服孩子,扭转孩子的言行,而忽略了去体会孩子行为背后的情绪和需求。

当时,我对这位妈妈说了这样一句话:

"你们家孩子说的话背后隐藏的情绪和需求是:妈妈,你没有关注到我的感受;我要说一些惹你不开心的话,这样你就会注意到我;我渴望你的关注,渴望母爱;我希望不管我怎么做,你依然爱我。"

这位妈妈在那一刻突然明白了孩子所有不当行为背后的需求,于是放弃了想要用更加激烈的言语和孩子"一决高下"的心,转而去关注孩子行为背后的心理需求。每天下班后,她都会深度陪伴孩子,坚持了一年左右的时间,亲子关系就出现了大逆转。

这位妈妈说:"每天我下班回家,孩子会主动让我加入他的游戏,每晚洗澡后我会盘腿而坐,他就会找来两本书自然地坐在我腿上,要我给他读书讲故事。不仅如此,他还会跟我讲很多话,他的奇思妙想,常常让我感到惊喜。这样融洽的亲子关系,是我以前想都不敢想的。"

二、要做到深度陪伴，谈何容易

父母要做到深度陪伴，可以从以下四个方面来做：

首先，陪伴孩子需要抽出时间。

说起对孩子的深度陪伴，好多父母都缺少时间。如今社会竞争压力大，好多双职工家庭都会把孩子交给老人来帮忙带。当然，条件稍微好一些的，会让妈妈辞职在家安心带孩子。

如果孩子交给爷爷奶奶帮忙带，可能父母陪伴孩子的时间就会越来越少，因为人都有依赖性。比如，遇到公司安排加班，或者出差，很多人的第一反应就是没问题，反正家里有爷爷奶奶可以帮忙带孩子；遇到孩子学校开家长会、运动会，好多家长也不会专门请假去参加，他们的第一反应也是没关系，反正家里有爷爷奶奶可以参加。

我们家孩子也是由爷爷奶奶帮忙带，我自己就能深刻体会到这种依赖感。但我晚上还是要陪孩子读睡前故事，不会轻易把陪孩子的时间给挪用。

我经常听到职场妈妈向我求助，"Maggie啊，你说我每天加班到晚上十点左右，回到家孩子都睡了，根本没时间陪他。我自己也知道这样下去不行，可

第一章 深度陪伴，不只是陪伴

是我该怎么办呢？"

对于职场妈妈这样的求助，我的答案一般是：你的注意力在哪里，收获就在哪里。如果你的注意力在陪伴孩子的事情上，那你就要想办法去调整自己的工作安排，使两者达到一个相对的平衡。

其次，陪伴孩子需要用心。

用心不是简单地指为孩子提供优渥的条件。大部分父母觉得自己努力赚钱，给孩子提供好的物质条件就是用心疼爱孩子，比如，买进口的奶粉和零食，品牌的衣服，报最好的早教，最有名的培训班，请最贵的家教，等等。他们自认为这样是用心疼爱孩子，但孩子不一定这么认为。

我们经常在陪孩子的时候，总是会带着工作上的压力、生活中的压力、夫妻关系中的矛盾，婆媳关系中的憋屈，这些不良情绪都使我们没法用心去陪伴孩子。所以，我们要么听不到孩子言语背后的需求，要么看不到孩子行为背后的情绪，要么一心想着自己的事情，随意地敷衍孩子一句：你真棒……

其实，这些不用心，孩子都看在了眼里。

再次，陪伴孩子需要方法。

对于职场妈妈来说，陪伴孩子的时间毕竟有限，每天能够七点准时回家的妈妈已是少之又少了。孩子如果九点睡觉，最多也就只有两个小时的陪伴时间。如果在一线城市工作，加班更是常态，交通拥堵，八点到家更是常态，陪伴孩子的时间就更少了。

对于全职妈妈来说，陪伴孩子的时间不是问题，但对于自己的精力和耐心是个挑战。

全职妈妈每天要负责家里的方方面面，光是买菜、洗衣服、做饭、打扫卫生，就占去了大部分的精力。如果孩子小，在家稍微折腾一下，那就够妈妈忙碌大半天的了。我跟很多全职妈妈聊过天，她们每天最幸福的事儿，就是晚上十一点前把所有的事情都忙完了，自己躺在床上看看手机。

如果一直是这样的生活，即使有好的脾气和耐心去面对育儿过程中日益升级的挑战，但如果缺乏方法，每天除了惩罚孩子外，就是妥协、溺爱孩子，那又怎能做到深度陪伴呢？

最后，陪伴孩子要有"结果"。

只要在国内上学，大部分家庭的孩子都无法逃避应试教育。既然是应试教育，那就避免不了要看成绩。即使父母不注重成绩，但孩子成绩差了，自己在班上的自信心也会受到影响。所以，深度陪伴的最后，还是要跟结果挂上钩。

即使如此，我仍然觉得，会有那么一种方法让孩子在应对应试教育的同时也可以保留童真童趣。后来，在我的积极探索下，终于找到了"玩中学"的学习方法。这种学习方法，不仅可以带着孩子边学边玩，而且可以达到快乐教育孩子的目的。

那"玩中学"的时间哪里来呢？其实就从深度陪伴中来。

本书集合了我自己所有的育儿经验，希望它可以带给爸爸妈妈们一些帮助，用深度陪伴的方式，构建出充满亲密和信任的亲子关系。同时，快快乐乐地带着孩子边玩边学，滋养彼此，成就彼此。

下面是我与自己的孩子乐乐深度陪伴的四个生活片段，希望可以跟您一起提前分享心得。当然，您也可以直接跳过，进入下一章节的学习。

第一章　深度陪伴，不只是陪伴

三、Maggie的深入陪伴：能自我安抚的孩子

有一天傍晚，我带乐乐去超市买东西，不仅买了乐乐喜欢的果冻条，还买了三瓶乳酸菌饮料。买完东西出来，看到路边有人卖花，我又买了一束花。

走到小区门口的时候，乐乐主动说："妈妈，我帮你拿果冻条。"

我笑着给了乐乐，并对他说："乐乐，谢谢你帮妈妈分担，妈妈觉得轻松了好多。"

走了两步，乐乐又说："妈妈，我再帮你拿饮料。"

由于三瓶乳酸菌饮料是包在一个袋子里面的，乐乐就一手拿果冻条，一手把饮料揽在胸前。

乐乐："妈妈，你觉得轻松点没有？"

我："我现在觉得好轻松、好轻松，真是谢谢乐乐的帮忙。"

结果没走几步，袋子就破了，饮料也掉在了地上。

我只好把饮料捡起来重新放回我的袋子里。

乐乐一看不能帮忙拿饮料了，马上对我说："妈妈，我帮你拿花。"

我把花递给乐乐，说："谢谢乐乐帮妈妈拿花。"

三、Maggie 的深入陪伴：能自我安抚的孩子

我心里想着，我的儿子真是一个小暖男啊。

走着走着，乐乐就开始喊累。其实我自己也有点累，因为这时刚好到饭点了，不仅身体疲乏，而且肚子也饿得咕咕叫了，所以我特别理解乐乐的感受。

我正打算跟乐乐说，累的话，就把东西给妈妈吧。

可是，还没等我把话说出口，乐乐就说："我好希望地面就是床呀！"

当时我特别惊讶，因为他居然学会了我觉得累时哄他常用的方式——用想象的方式来实现自我满足。

记得有一次我带乐乐去一个地方参加活动，出了地铁走到活动地点大概需要二十分钟。走了没几步，乐乐就说自己累了。当时我就跟乐乐说："妈妈也累呀，好希望地面就是床呀，这样我们就可以躺在床上休息了，那该多舒服呀！"

乐乐听到我这么说，笑了起来。然后，我顺势把脖子上的围巾扯下来，并把它的一头递给乐乐，与他玩起了"牵小猪"的游戏。

我问乐乐："谁是小猪啊？"

乐乐说："妈妈是小猪。"

我："那牵小猪的人要走到前面哦，要不然小猪就跑掉了。"

乐乐听后兴冲冲地跑到了我前面，牵着我一路走到了活动地点。

我没有想到，他居然因此学会了用这种想象的方式来安慰自己。

我笑了笑，配合地说道："是呀，妈妈也累了，我也好希望地面就是床呀。"

想着乐乐确实又饿又累，于是我对他说："那你就不要给妈妈拿东西了。"

没想到乐乐很坚决地拒绝了我的好意："不，我要帮妈妈拿。"

又过了一会儿，乐乐说："妈妈，我好希望我们现在就飞回家躺在床上休息呀。"

我说："是呀，我也好希望我们可以马上飞回去呢！"

就这样，我们俩一边幻想，一边开心地往家走，很快就回了家。

那一刻，我感慨于言传身教中的"身教"的力量。在我们陪伴孩子的过程中，我们用什么样的方式去安抚孩子，孩子就会学习用什么样的方式去安抚自己。这告诉我们，要想让孩子变得优秀，首先要约束自己的一言一行。

第一章　深度陪伴，不只是陪伴

四、Maggie的深入陪伴：魔法亲亲，给我力量

乐乐四岁时的一个傍晚，我跟乐乐下楼散步。

乐乐说："我来当妈妈。"

我说："好呀。"

我想到乐乐平时经常会突然要某个东西，比如，会突然说要吃面包，但是家里又没有面包的时候，我经常要绞尽脑汁地去和他沟通。

所以，我决定也用这种方式来"对待"他，看他会有何反应。

我："妈妈，我饿了，想吃面包，现在就要。"

乐乐："我就是一个大面包，给你吃。"

我本来以为乐乐会跟我讲道理，没想到他居然这么"大方"地满足我这个"无理取闹"的要求。

当我做好了想要扑过去假装大吃一口的准备时，乐乐又做出了一个让我更加惊讶的动作——他很大方地把他的胳膊伸出来给我"吃"。

我只好笑着亲了他一下，装作吃了一小口。

然后，我继续"刁难"他。

四、Maggie 的深入陪伴：魔法亲亲，给我力量

我："妈妈，我今天遇到了一些难过的事情。"

乐乐："你遇到什么难过的事情啦？"

我："我今天在路上被人撞了一下，好疼啊！可是，他连'对不起'都没对我说。"

乐乐马上摆出一副要为我出头的架势，说道："那我去拿个金箍棒，把那个撞你的人打倒！"

看到儿子这副要为我出头的豪气样，我的心里涌上一股暖流。

可是转念一想，我平时安抚他可没这么容易啊！淡定淡定，要继续"刁难"他。

我："可是我还是难过。"

乐乐："你还有什么难过的事情呀？"

我："我今天被一个莫名其妙的人骂了。"

乐乐："那我再去拿个金箍棒，把那个骂你的人打倒。"

接着乐乐主动问我："你还有什么难过的事情吗？"

我："没有了，但是我今天好累呀。"

乐乐："为什么累呀？"

我："我今天等车等了好久，等得我都烦了。"

乐乐："那我帮你把车上的人全都赶下车。"

（这逻辑，可能他以为只要把车上的人都赶下车，我就能快点坐上车了。）

我差点就感动得老泪纵横了。

走着走着，乐乐突然侧过头来深情地望着我，说道："妈妈，我想亲你一下。"

我蹲下身来，让他亲了一下。

他接着说："妈妈，你上班的时候如果想我的话，就把我给你的'魔法亲亲'拿出来。"

我说："好啊。"

这一刻，我想起了他刚上幼儿园的时候。那时的他几乎每天都是哭着被老

第一章 深度陪伴，不只是陪伴

师抱进教室，不过在他哭着被抱进教室之前，我都会给他很多"魔法亲亲"。我有时候会把自己吻过的纸巾放在他的裤兜里，有时候会在他的手心上印上我的唇印，然后告诉他，妈妈的爱从不会远离他的身边。每一次乐乐都会贪心地说："妈妈，我要好多好多'魔法亲亲'，你要给我几百个才行。"

从回忆中缓过神，我听到乐乐接着说："妈妈，你上班的时候如果不开心，我的'魔法亲亲'可以给你力量哦。"

我回答："嗯，谢谢乐乐。"

他又笑着说："妈妈，你把我的照片带上。这样，你想我的时候，就可以看见我啦！"

这时，我体会到了前所未有的幸福感，仿佛所有的疲累都已散去。

没想到，在我心中一直是个宝宝的乐乐，早已在不知不觉中长大，并已经可以化身成"妈妈"来保护我，安慰我，给我力量。

可能正是因为自己这几年的全心陪伴，在他的心里种下了爱的种子。随着时间的流逝，这些种子慢慢发芽，并不断地吸收养分、储存阳光，逐渐变成了一棵可以为他人遮风挡雨的小树。

五、Maggie的深入陪伴：孩子，是我们的镜子

一个周六的中午，我带乐乐去深圳海岸城吃他很喜欢的一家日式咖喱饭。

上菜前，服务员先把甜品端了上来。由于我和乐乐都喜欢吃蓝莓布丁，所以就点了一个，可端上来的却是巧克力布丁。服务员对我说今天只有巧克力布丁，但我明明记得点餐的时候她说有蓝莓布丁。

由于我和儿子都饿了，于是没有计较，就将就着吃了。

接着，服务员把饮品端来了，我本来点的是去冰的蓝莓酸奶，端上来的却是带很多冰块的蓝莓酸奶。我让服务员帮忙去掉这些冰，服务员却说这款饮品的标配就是带冰的，如果去掉冰块，饮品的分量就只有我们如今看到的三分之一了。

我有一点不开心，点餐的时候我特意跟服务员说了要去冰，服务员也说可以去冰，却没有跟我说分量会少三分之二这一点。虽然之前来过很多次这家店，却第一次点这款酸奶，所以我对这个解释有一点不能接受，但已经付款了，也只能不开心地接受了这个事实。

正餐终于上来了。我们点的是芝士鸡肉蛋包咖喱饭再加秋葵豆腐，但端上

第一章 深度陪伴，不只是陪伴

来的饭只有芝士鸡肉蛋包饭，并没有秋葵豆腐。

这个时候，我真的控制不了自己的怒火了。

于是，我对服务员说："你们怎么弄的呀？蓝莓酸奶弄错了，蓝莓布丁弄错了，秋葵豆腐也没有上！"

上餐的服务员见我有些不高兴，赶紧道歉说："不好意思啊，我去问问。"

服务员走了之后，我就听到乐乐学着我的语气说："真是的，怎么搞的？全都上错了，以后我们再也不来这里吃饭了！"

听到乐乐学着我的语气说话，我一下子收敛了自己的脾气。我不能把自己暴躁的一面这么赤裸裸地展现在孩子面前，我与服务员沟通时应该注意自己的方式方法。

我赶紧反思自己大发脾气的原因，发现自己如此生气并不全是因为餐厅上餐不合自己心意。归结起来，造成自己生气有以下三点原因：

第一，早上我一觉睡到了9：00，导致乐乐上篮球课迟到，自己也没了时间吃早饭。虽然我知道，这是自己没有定闹钟导致的，但心里还是有点责怪老公没有叫醒我。

第二，乐乐上完篮球课，又玩了一个多小时，等到我们走的时候已经饥肠辘辘了，所以当我们赶到这家餐厅的时候，才会迫不及待地想吃饭。

第三，肚子本来就饿，餐厅上的东西又跟期待的不一样，加之起晚被老师批评，所以我一下子闹起了脾气。

当我意识到自己的言行对乐乐产生了不良的影响后，我马上对自己的错误行为进行改正。

我对乐乐说："刚才妈妈有些生气，对服务员说话有点过分，但这并不代表妈妈讨厌这家餐厅。我们以后来不来这里用餐，取决于你和妈妈是否喜欢这里的菜品和这里的服务。而且，刚才妈妈说的都是一些气话，因为妈妈在闹情绪。"

接着，我跟乐乐解释了自己为什么会闹情绪，并告诉他当我们生气的时候，要多去反思生气的原因，这样才能让自己更好地控制情绪。

我对乐乐说："妈妈也会犯错，也会情绪不好，所以妈妈需要你的帮助和反馈。下一次你再看到妈妈生气了，可以主动提醒妈妈，帮助妈妈做得更好，好吗？"

在和乐乐说话的过程中，我的情绪也慢慢平复了，这时服务员也把漏掉的秋葵豆腐端了上来，我和乐乐开心地吃完了午餐。

午餐结束的时候，我问乐乐："现在妈妈的情绪变好了吗？"

乐乐说："变好了，妈妈你做得很好。"

经过这事，我意识到孩子就像一面镜子，父母可以通过他们看清自己的言行是否恰当，从而及时地对自己的言行进行修正。

父母深度陪伴孩子的过程中，需要在情绪管理这门功课上多下功夫。孩子恰恰是反映我们情绪变化的最好的一面镜子，在我们还没有察觉到自己情绪的变化时，敏感的孩子就能感觉到我们的情绪变化。他们有时会模仿我们的语气和肢体动作，有时会被我们吓得露出惊恐的表情，我们通过观察他们就能得知自己的行为是否带着不良情绪，从而快速地调整自己的情绪，并赶紧修复亲子关系。

在本书的后面，我们会有专门一个章节来讲如何管理好自己的情绪。

第一章 深度陪伴，不只是陪伴

六、Maggie的深入陪伴：经由孩子，理解了母亲

今年暑假，我带乐乐回了一趟我妈家。

在我妈家的这段时间里，我和乐乐都非常开心。可有一天乐乐突然说："妈妈，我要把姥姥关进铁笼子里。"

听了这话，我很吃惊，因为他们二人一年才见一次面，所以我妈对乐乐很是宠爱。为了"笼络人心"，啥都买给他，就连我平时基本上没给乐乐买过的冰棍儿，在这个暑假里，我妈都给乐乐买了好几次。按理说，乐乐应该很喜欢她才对，为什么会说出这种话呢？

于是，我好奇地问："为什么呀？"

乐乐看着我的脸，认真地说："因为姥姥对你很凶。"

原来如此。

从我回到老家的第一天开始，我妈就开始了"连环夺命叨"。当然，她唠叨的无非就是说我平时不给乐乐吃东西，所以才把乐乐养得太瘦之类的话，说得好像我不是乐乐的亲妈似的。

于是，每天吃饭的时候都会上演这样的场景：

六、Maggie 的深入陪伴：经由孩子，理解了母亲

乐乐："姥姥，我吃饱了。"

姥姥："你才吃那么点，再多吃点，把这碗吃完。"

乐乐："姥姥，我真的吃饱了。"

我："妈，他说吃饱了，就肯定是吃饱了，乐乐知道自己的感受。"

姥姥："他怎么可能吃饱了呢？才吃这点儿！你看你，总是不给他吃饱，难怪他这么瘦。"

乐乐这时就会生气地指着姥姥："哼，调皮的姥姥。"

这时，姥姥就会故意板着脸逗乐乐："那你说姥姥调皮，姥姥就不给你做饭吃了。"

乐乐一听这话，就不知道怎么办了，只好来找我。

我呢，也只好去调停，一方面，我先告诉乐乐，姥姥并不是真的不给他做饭了，只是用这种方式想让他多吃点，姥姥的心意是好的；另一方面，我还得认同乐乐的感受，教他如何去跟姥姥表达自己的感受和需求。

终于，乐乐鼓起勇气对姥姥说："姥姥，我真的吃饱了，谢谢。"

可姥姥还是不放弃："你把这碗吃完，待会儿姥姥给你买好吃的。"

我这时终于明白了这句话的意思——有一种爱叫"姥姥觉得你没吃饱"。

我妈是个大嗓门儿，为此乐乐觉得姥姥对我说话的语气太凶。可能出于心疼我，他才说出了这样的话。

我对乐乐说："乐乐，姥姥语气是有点凶，但姥姥是刀子嘴豆腐心，她心里是爱妈妈和你的。她希望我可以多让你吃点饭，让你长得壮壮的。"

我："可是，姥姥以这样的口吻说话，你能不能感觉到姥姥的爱？"

乐乐："不能。"

我："所以这就是心口不一，心里想的和用语言说出来的让人感觉不一致。姥姥是爱我们的，只是她用的方式容易让别人误解她，感觉不到她的爱。"

当我对乐乐说这番话的时候，我的内心有一处坚冰也开始融化。我知道，那是我心里一直以来的一个心结，几十年的一个心结。我一直觉得我妈从来都不顾及我的感受，她对我的爱里总是藏着强迫和控制。她对我生活的过度干预

第一章 深度陪伴，不只是陪伴

一度让我觉得很压抑，所以我一直想从她身边逃离，于是我报考了离她远远的大学。

可是，在我向乐乐解释姥姥对他的关爱时，我忽然理解了她对我的那份浓浓的母爱。

我已经很久没有跟她好好地进行交流了，平时都是她问什么我答什么，然后匆匆地找借口挂掉电话。

第二天早上，我试探性地对她说："妈，你总说是因为我没有给乐乐吃饱，所以乐乐才这么瘦。是不是因为我小时候物质条件比较差，现在条件变好了，你希望弥补一下，就总想着要给乐乐多吃一点呢？"

没想到我妈听了之后马上变得落寞起来，她叹了口气，说："是啊，你们小的时候哪有现在这么多好吃的。那个时候……"

我强忍住眼泪，不让它流下来。

原来妈妈都是这样，都想把最好的东西捧给自己的孩子，都不想把自己受过的挫折和磨难让自己的孩子再承受一遍。自己成为妈妈以后，我才终于明白了她的心思。

第二章
培养有幸福感的孩子

一、父母如何与孩子建立联结

二、懂孩子，才能进入他们的世界

三、错位的大小事儿

四、不要跟孩子较劲儿

五、给孩子足够的空间，让他们自由成长

六、孩子不合作，用游戏搞定

七、孩子，你只需要每天进步一点点

第二章 培养有幸福感的孩子

我们这一代父母都是在"优秀"的期盼中长大的,当我们自己成了父母,我们才明白,优秀不等于幸福,所以我们真正要培养的是有幸福感的孩子。

可是怎样才能培养一个有幸福感的孩子呢?难道是给孩子创造幸福的生活条件就足够了吗?

答案当然是否定的。

幸福感和一个人的感受力息息相关。这个世界上的每个人生来就有着感受幸福的能力,只不过大多数人的这种能力在成长的过程中被环境慢慢剥夺了。因此,很多人即使拥有巨额的财富,普通人眼中非常成功的事业,身心仍然处于痛苦之中。

本章节的内容主要帮助爸爸妈妈们在陪伴孩子的过程中,学会用感受和孩子沟通,用孩子的语言与孩子进行互动,保护好孩子多彩的感官世界,保护好孩子感受幸福的能力。

一、父母如何与孩子建立联结

美国"平和式教养"的创始人劳拉博士说：育儿的工作80%都是在和孩子建立联结。可是现在这个社会太过浮躁，就连育儿也变得功利起来。

当爸爸妈妈发现孩子的某项行为不符合自己期待，第一反应就是：

老师，教教我，有什么方法，可以让我的孩子少发脾气？

有什么方法可以让我的孩子听话？

有什么方法可以让我的孩子不要打人？

可是，育儿本身就不是一件短平快的事情。

如果你既没有花时间深度陪伴孩子，也没有花时间去了解孩子，更没有花时间去倾听孩子，你当然会每天为这些育儿过程中的大小冲突而感到烦恼。

在这一切"需要花时间"的育儿过程背后，其实和孩子建立充分的联结是最重要的事情。

第二章 培养有幸福感的孩子

恋上安抚巾的孩子

我有一个外国朋友,他的孩子才几个月的时候,就被他放到了一张单独的婴儿床上,因为他要训练孩子从小独立入睡的能力。

刚开始小婴儿哭得很厉害,可一周之后,小婴儿不再哭了,可以自己独自入睡。到孩子一岁的时候,我的朋友很自豪地跟我说:"你看我们家孩子现在晚上都可以独立入睡了,我们只需要和他说'Good night',然后回我们自己的卧室,从婴儿床的监视器里面看着他慢慢入睡就可以了,多省事。"

那个时候我们家乐乐也差不多一岁,我因为坚持母乳喂养,乐乐又常常要夜里吃奶,所以每天早上我都要顶着熊猫眼去上班,而且由于每天睡眠不足,上班的时候很是疲惫。现在回想起坚持母乳的那一年零七个月,真的很辛苦。那个时候,我每天最大的愿望就是:有一天可以一觉睡到自然醒。

乐乐一岁零七个月断奶后,很快就可以一觉睡到天亮。可是,朋友家的孩子两岁多之后经常半夜醒来大哭,并在爸爸妈妈的陪伴下才肯再次入睡,而且对睡前必啃的安抚巾产生了严重的依赖。不仅如此,他们家孩子平时一遇到不开心的事情哭起来也非常不容易安抚。

这个时候朋友才意识到,他本来是为了让孩子能够尽早地独立入睡,减少大人的麻烦,没想到却严重破坏了孩子的安全感,现在反而需要花更多的时间去弥补。

到现在,我还经常在群里看到有些妈妈问"听说孩子从小不能抱太多,也不能一哭就去哄,否则就会形成依赖,是真的吗"之类的问题。

其实,这样的说法源于国外一种叫作"哭声免疫法"的婴儿睡眠训练方法。这是一种会极大破坏孩子安全感的养育方式,虽然满足了爸爸妈妈希望孩子从小独立的需求,也满足了爸爸妈妈睡好觉的需求,但这是以牺牲孩子安全感为代价换来的。

孩子0~1岁,甚至0~3岁都是建立安全感的非常重要的时期,尤其是0~1岁这个阶段,不论孩子要吃、要抱、要睡,我们都应满足婴儿的要求,因为这不仅会带给婴儿极大的安全感,而且也会带给婴儿一种"我无所不能"的感觉，同时又能满足这个阶段孩子的全能自恋需求。当然，这也是孩子形成自信心的最重要的阶段。

只有孩子的需求得到了一定的满足，才能让孩子感受到安全，这样，孩子以后才能拥有向外探索的力量。

孩子为何不和爸爸一起玩

我曾经在一个亲子活动上见过一个七岁的男孩，他活泼开朗，脑袋也很灵活。可是我发现，当爸爸妈妈和小男孩一起参加活动时，他居然毫不客气地说："我不要和我的爸爸一组，只要不是我爸爸，我跟谁一组都可以。"小男孩爸爸听完，丝毫不觉得尴尬，他只是无奈地说："在家的时候，孩子也不黏我，我都习惯了。"

在这个活动上，有一位特别温柔的阿姨，小男孩很喜欢和这个阿姨聊天。记得有一个环节是这位阿姨要选择一个搭档，她选的搭档竟然是这个小男孩的爸爸，小男孩见此情景立马生气了，一个人离开了活动现场。

后来，大家从这位小男孩的爸爸那里了解到，原来他非常奉行"家里一定要有一个权威"的育儿方法，而且他坚信家里一定要有人唱白脸，有人唱红脸。他觉得自己是爸爸，自然而然地选择了唱白脸的角色，于是对孩子特别严厉，孩子稍有不听话，他就会大声呵斥孩子，偶尔还会对其进行打骂。他认为这样孩子就会意识到自己做错了，就会听他的。

可事实上，在爸爸严厉的教育方式下，小男孩表面上变得服帖，但内心却非常抗拒自己的爸爸。一味追求短平快的育儿方法，却严重地破坏了孩子和爸爸之间的联结，使孩子和爸爸变成了敌人，孩子不仅不愿意和爸爸一起玩，更不愿意向爸爸敞开心扉，甚至也不愿意任何自己喜欢的人跟爸爸一起玩。

"严父慈母"的传统观念让很多家庭形成了一种错误的认知，觉得爸爸必须要严厉才能管教好孩子，于是爸爸必须唱白脸。其实，这种做法无疑是把爸爸推开，让孩子害怕爸爸，不愿意亲近爸爸。

第二章 培养有幸福感的孩子

作为父母，不能企图通过暴力手段来让孩子听话，因为这种做法除了让孩子畏惧自己，暂时听话外，对孩子的成长没有任何好处。要知道，随着孩子的年龄增长，父母的这份威慑力就会慢慢减少，我们就会看到孩子越来越叛逆。

所以，要想以后少一些烦恼，就要从孩子很小的时候用尊重平等的方式与之沟通，让孩子愿意同我们亲近，愿意向我们敞开心扉。

在本章的后面，会讲到如何用游戏的方式赢得孩子的合作。

"退行"的大宝

一位妈妈告诉我，她们家老大两周左右的时候，老二出生了。由于月子期间精力有限，所以她的注意力都放到了刚出生的小宝宝身上，老大就交给爷爷奶奶照看。爷爷奶奶在哄小宝宝的时候，经常会当着老大的面对小宝宝说："宝宝乖呀，你最乖了，你看姐姐就不听话。"

慢慢地，妈妈发现，老大的行为开始倒退，她不仅会用爬来代替走路，还会动不动就发脾气。其实，孩子的这种行为，是想重新获得妈妈的爱。她觉得妈妈有了弟弟之后就不爱她了，她错误地认为，只有自己变成小宝宝，才能重新赢得妈妈的爱。

这位妈妈意识到自己和老大之间的问题后，出了月子就果断地把老二交给了爷爷奶奶照看，因为她觉得老二现在还小，主要的需求表现在生理上，而老大现在急需自己给予关爱，她需要赶紧修复和老大之间的情感联结。

通过这位妈妈一段时间的深度陪伴，老大的行为慢慢恢复了正常。

这个孩子是幸运的，虽然她还不怎么会讲话，也不会向妈妈表达自己的需求，但是敏感的妈妈及时地从她的行为中读懂了她内心的需求。于是，这位妈妈果断地深度陪伴她，从而避免了她在错误的育儿道路上越走越远。

对于如何同孩子建立更深的情感联结，我给大家分享以下几个简单的方法。

（1）爱的抱抱和亲吻

美国著名心理学家萨提亚曾经说过，每天四个拥抱是生存的根本，每天八个拥抱让我们精力充沛，每天十二个拥抱帮助我们健康成长。

爸爸妈妈们可以每天多给孩子几次爱的拥抱和亲吻，并微笑着在早晨和晚上同孩子打招呼。这些不起眼的行为最能拉近我们与孩子之间的距离，并快速地与孩子建立情感联结，因为没有一个孩子会拒绝爸爸妈妈暖心的行为。

当然也有例外，比如我家乐乐五岁半的时候，我想抱抱他，他就会说，"妈妈，我那爱的水杯是满的，不需要拥抱了"。这个时候我只好改变策略说："那你可以拥抱一下妈妈吗？妈妈也需要补充一下爱的水杯。"乐乐听后就会很开心地给我一个拥抱。

还有一些孩子在闹情绪的时候，会直接拒绝父母的拥抱，大喊着："我不要你抱，你是坏妈妈，你走开。"

这时，很多父母就会跟孩子斗气说："是你说要妈妈走的啊，那妈妈走了哦。"

有些孩子听到妈妈这么说，就会赶紧改口："妈妈，你不要走。"妈妈听了，自然心里乐开了花。而有些孩子则会继续反着来："你走吧，我不要你了，妈妈。"可想而知，妈妈听后心里会有多受伤。

不论孩子做出上述哪种行为，都不代表孩子不需要我们的拥抱和安慰。孩子越是带着情绪拒绝我们，说明他们越是需要我们。这个时候作为父母的我们，就需要在孩子面前展示一种极强的力量感，让孩子知道，不论他们如何拒绝我们，用多么恶毒的话去伤害我们，我们依然会一如既往地爱他们。

（2）目光之爱

很多妈妈对深度陪伴理解有误，认为深度陪伴就要充分利用有限的亲子陪伴时间，让自己和孩子时刻处于活动的状态。其实不然。

因为有时候，如果我们什么也不做，只是抱着孩子与他温柔地对视几分钟，孩子也能够从我们的目光中感受到我们的爱。

而这个方法最适合在妈妈累的时候进行。其实，孩子并不是需要你时时刻刻陪他玩，他只是想要感受到你爱着他，哪怕只是通过目光交流，让他感受到你的爱就可以。

（3）"爱之枪"游戏

在劳伦斯·科恩写的《游戏力》这本书里提到的"爱之枪"游戏，简直是父母和孩子建立情感联结的神器。

每当乐乐发脾气的时候，我就会掏出一把"爱之枪"，冲乐乐来一发"爱的子弹"。我告诉他："谁被我的'爱之枪'射中，谁就会爱上我，没有办法对我发脾气。"

然后乐乐就会模仿我的动作，也掏出一把"爱之枪"，对着我扣动扳机，我就会装作中弹的样子说："我被你的'爱之枪'射中了，现在无论你做什么，我都没有办法发脾气，你做什么妈妈都永远爱你。"然后，我会抱着他的胳膊，把脸贴在他胳膊上，装成他的粉丝对他很肉麻地说："妈妈好爱好爱你，你发脾气妈妈也爱你。刚才你说不爱妈妈，妈妈还是依然爱你。怎么办呀，妈妈就是没有办法不爱你！"

乐乐这时就会开心地大笑起来。

育儿道路无捷径，孩子迟早会用他的方式让我们知道，那些年我们用短平快的方法教育孩子，使我们缺失了和孩子的情感联结，而这缺失的部分则需要我们付出更多的时间和精力去修复。

二、懂孩子，才能进入他们的世界

有一天晚上散步的时候，乐乐对我说："妈妈，我假装点燃一串鞭炮靠近你，你假装吓一跳好吗？"我笑着点点头。乐乐就假装点燃了一串鞭炮靠近我，我连连倒退并假装用特别害怕的声音说，"好吓人呀，好吓人呀"，然后配合着赶紧跑开。

这个时候刚好有一个六岁左右的小男孩和他妈妈经过，小男孩见我和乐乐玩得很开心，便模仿起乐乐的样子去吓他的妈妈，结果小男孩的妈妈无动于衷。小男孩不死心地进行第二次尝试，但他的妈妈依然无动于衷，看到妈妈这么不配合自己，小男孩很是挫败，于是不再尝试。看到小男孩挫败的样子，我有些难过。

当我们没有识别出孩子的游戏信号时，无动于衷可能就是我们下意识的反应。

当我们不懂孩子的时候，确实很难进入他们的游戏世界。孩子的各种游戏信号和需求，要么被我们视为无聊的游戏，要么被我们视为恼人的行为，要么被我们完全忽视。

第二章　培养有幸福感的孩子

可能陪孩子玩游戏对于很多爸爸妈妈而言不是一件容易的事，很多成人觉得自己早已过了玩这种幼稚游戏的年龄。但劳伦斯·科恩曾经说过，孩子和大人，即使同在一个房间里面，也还是会彼此陌生，就像来自两个不同的星球。他们都觉得对方热衷的事物太无聊、太奇怪，比如他怎么可以把橡皮泥掰成小块放在各种塑料盘子，玩煮东西的游戏，一玩一个下午？他怎么可以把乐高不停塞进一个卷纸筒里面再倒出来，一玩一个小时？

其实孩子所有的游戏都比我们想象的更有意义。因为有些心事，孩子不会说给我们听，但一定会玩给我们看。

游戏不分年龄

很多妈妈问我，游戏对年龄有限制吗？

其实游戏真的不分年龄。

我记得乐乐四岁的时候，有一天乐乐的姑妈过生日，一大家子人进行聚餐。晚饭后，乐乐开始玩起了他最爱的点名游戏。乐乐的点名游戏特别的地方在于，他喜欢模仿老师叫他班上同学的名字。乐乐告诉大家："你是×××，我喊×××的时候你要说'到'。"于是，他绕着餐桌走了一圈，挨个叫他同学的名字，全家人也都配合着轮流答"到"。

九岁的小表姐看到了，开心地加入了进来，三岁的小表弟看到了，也开心地加入了进来。于是，三个人围着餐桌绕圈，轮流喊名字，大家也配合着答"到"，到最后全家人实在配合不下去了才结束游戏，可他们还玩得意犹未尽。

正是由于全家人都很懂孩子，所以他们才会一直配合，用这种游戏的方式让孩子去感受主导权。

游戏是孩子释放情绪的方式

有一次乐乐幼儿园体检,回家后乐乐自豪地告诉我:"妈妈,今天抽血我都没有哭,因为我上大班了,不是小baby了。"于是我问他:"那你觉得疼吗?"本以为乐乐会撒娇说疼,没想到乐乐却说:"可以忍受。"

虽然有点惊讶,但后来通过我的观察才知道,原来乐乐会经常模仿医生给我"打针"来释放这种情绪。晚上散步的时候,他会随便抓起一根草,然后对我说,"妈妈,我要给你打针,当我碰到你的时候,你就喊疼好吗?"

我一遍又一遍地去配合他,每次我喊"好疼"的时候,他就特别开心。我知道,这是他释放情绪的一种方式。

当孩子说自己不害怕、不疼的时候,他们的内心可能仍然还存有恐惧。如果孩子内心足够有力量,他们就会尝试用游戏的方式去释放这种情绪。

前面提到的鞭炮游戏,也是因为2016年带乐乐回姥姥家,有一天我们外出吃饭,街上有一家店铺开张,突然放起鞭炮来,把乐乐吓到了。所以回来后的一个多月里,他不厌其烦地要与我玩鞭炮游戏,其实是想用这样的方式来释放他内心的恐惧。

因为我懂他,所以他要求玩的次数越多,我就越开心。因为他在用自己的方式去释放情绪,而不是任其积压。

对孩子来说,生活就是一场游戏

孩子最重要的学习方式,就是把生活中的各种经验用游戏的方式不断重复,最后变成自己的经验。

所以对孩子来说,生活就是一场游戏。

比如,乐乐有一阵子在幼儿园学习了各种标志,我和乐乐一起玩的时候,他会把池塘边想象成一个火车站,让我放一块禁止玩耍的标志;他会把一棵大树想象成一片森林,让我放一块禁止烟火的标志;他会把一片草丛想象成一个

第二章　培养有幸福感的孩子

正在维修的工地，让我放一块前方正在维修的标志……

有一次乐乐听见他爸爸提到要去北京出差，在散步的时候，乐乐提出扮演去北京旅行的游戏。于是他带着行李来火车站的时候，我要变成一位售票员去给他检票，当他上了去北京的火车，我则又变成一位火车司机。

幼儿园里学习的英语，乐乐也会在游戏中不断地去重复，或者跟我玩"我问你答"的游戏，最后形成记忆。

我知道，乐乐是在用这种方式去内化自己学到的知识和生活经验，所以不论他要求玩多少遍，我都会配合。

在生物界，智慧越高的动物，玩游戏的时间越长。人类对于世界和自身的了解，都是通过主动探索和实践得出的。有些学习孩子会自动进行，比如吃饭，但许多学习则是在游戏中发生。游戏之所以重要，不只是因为孩子"喜欢玩"游戏，还因为在玩游戏的过程中，可以让孩子感受到其中蕴藏的深意。

我们一旦真正懂得孩子，开始进入孩子的游戏世界时，我们就会发现，其实游戏不分年龄。各个年龄段的孩子都喜欢用游戏的方式和大人互动，哪怕是一些我们看起来很幼稚的游戏，在孩子的眼里都会充满无限的乐趣。

我们会发现，游戏不仅能够帮助孩子释放情绪，而且可以让孩子反复"经历"各种生活经验，从而内化成自己的经验。

三、错位的大小事儿

我曾有段时间认为我的妈妈不爱我,因为她除了关心我是否吃饱了,是否穿暖了之外,从来没有关心过我生活是否开心,工作是否劳累,有没有遇到烦心事儿。

可当我自己也成了妈妈,结识了很多妈妈之后,我才发现,妈妈对孩子的爱其实从来都没有减少,只是在妈妈眼里,她对大事儿和小事儿的理解错位了。所以到了孩子这里,孩子感受不到妈妈的爱,就会误以为妈妈不爱自己。

吃饭如厕都是小事儿

有很多妈妈都问过我关于孩子吃饭和如厕的问题。

"老师,我们家孩子不能自己好好吃饭,一定要喂,或者一定要边玩边吃,不然就不吃,我真的很苦恼。"

"老师,我们家孩子都两岁半了,还要包着纸尿裤,我强迫他去小马桶,他就哭。怎么办呀?"

很多妈妈觉得孩子两岁左右的时候,还不能自主吃饭,不能丢掉纸尿裤,认为这就是天大的事儿。

对这类问题,我的回答通常是——没有孩子会饿着自己。妈妈提前和孩子做好吃饭的约定,控制住自己想要去干预孩子吃饭的念头,让孩子体验不吃饭的感觉,相信孩子不好好吃饭的毛病自然就会好了。要知道,孩子具备很强的自我调节能力。

没有人长大了还会用纸尿裤。每个孩子的成长都有一个过程,只是有的孩子快,有的孩子慢而已。顺应孩子的自然成长规律,引导孩子,但不要强迫孩子。

另外,还有一部分父母是错过了孩子自主吃饭的敏感期。

孩子一般在两岁前后就会有强烈的想要自己动手吃饭的欲望,如果父母能够利用好这个机会,放手让孩子自己吃饭,可能就不会出现孩子长大了还吃得很慢,甚至到五六岁了还要喂饭的事情了。

记得乐乐两岁的时候,我带他回老家。有一次和亲戚们一起吃自助餐,我在乐乐的面前放了一盘食物,然后让他自己吃。

亲戚们担心地说:"你不喂他,他自己会吃吗?"

我笑着点了点头,说:"他会吃啊。"

只见乐乐左手抓着面包,右手拿着勺子正在吃菜,虽然吃得脸上和桌子上全是食物碎屑,但全程无须大人帮忙,把亲戚们都看呆了。

左右不分的孩子

乐乐很早就能分清左右,可是唯独在穿鞋子这件事情上一直分不清。

刚上幼儿园的时候,下班后去接他回家,经常发现他左右脚的鞋子是反着的。我想应该是午睡后,老师让小朋友自己穿鞋,他自己穿反了,结果老师没有发现,他也没有觉得不舒服。

刚开始，我试图纠正他："宝贝儿，你鞋子穿反了。应该两只鞋子换一下。"

没想到乐乐竟发脾气了，并喊着："不是那样子的，就是这样子的。"

有一次，在他穿反鞋子的时候，我好奇地问他，"乐乐，你觉得这样子穿鞋舒服吗？"

乐乐很认真地回答："舒服。"

从那以后，我就知道，原来在孩子的感受里，他觉得这样穿就是舒服的，所以他不愿去纠正穿反的鞋子。后来，我也就没再试图干预他。

有一次，乐乐和朋友家的孩子一起玩，朋友看到乐乐的鞋子穿反了，就惊呼："乐乐，你鞋子穿反了！"乐乐却对朋友的惊呼不予理睬，朋友疑惑地问我怎么回事，我只好把这件事情的来龙去脉告诉朋友。

当我淡忘了这件事情的时候，不知从哪一天开始，乐乐每次穿鞋之前，都会很认真地先把鞋子的左右摆对，并且嘴里还念叨着："这是左脚，这是右脚。"自己确认一遍之后，再穿鞋子。

倘若我每天揪着这件事情不放，非要乐乐按照正确的方式去穿鞋，不断地提醒他，那他就会带着烦躁的心情穿鞋子，并且还会因为外在的干扰，扰乱了自己去发现问题。

孩子伤心哭泣不是小事儿

有一次，在小区里碰到一个两岁多的小男孩突然大哭着从我身边跑过，拼命追赶走在前面的妈妈。可是他的妈妈丝毫没有停下脚步的意思，而小男孩却哭得声嘶力竭。

我有些不忍心，赶紧追上孩子的妈妈，跟她说："我看你们家孩子好像哭得很厉害。"

小男孩的妈妈停下来，无奈地对我说："他就是这样子，你越哄他，他哭得越凶。你不理他，反而他自己过一会儿就好了。"

第二章 培养有幸福感的孩子

因为不熟悉小男孩妈妈的性格,所以我没有跟她讲太多,只是简单地告诉她:"孩子哭得这么厉害,我猜他看到你在前面头也不回地走,可能以为你不要他了,他很害怕。"

听完我的话,她的表情这才缓和了一些,小男孩这时也跑到了她身边。

我对小男孩的妈妈说:"也许你可以抱抱他,告诉他,你永远爱他。他有了安全感,就不会哭了。"

小男孩的妈妈抱起了小男孩,果然小男孩立马就不哭了。

也许在小男孩妈妈眼里,孩子伤心哭泣,只是一件小事儿,但这件事处理不好,就会让孩子失去安全感。因此,孩子大声哭闹并不是一件小事。究其深层原因,是因为妈妈没有管理好自己的情绪,以一种粗暴的态度对待孩子。当人处于生气的状态时,可能会和孩子较劲儿,让孩子产生一种被抛弃的感觉。更有甚者,有些家长会采取恐吓的方式对待孩子,比如,"不准哭!再哭妈妈就不要你了!"

恐吓的方式可能会让孩子止住哭泣,但就像我在"恋上安抚巾的孩子"一节所讲的,用这样的方式让孩子听话是以破坏孩子的安全感为代价,对孩子的成长是百害而无一益的。

我到现在还记得自己小的时候,在街上看到了一辆自行车特别喜欢,闹着要妈妈买。可想而知,我妈肯定不买。但我妈既没有给我解释不能买的原因,也没有认同我的需求,更没有去安抚我,而是直接对我说:"你要买,那你就自己留在这里,妈妈走了。"当她转身走开时,我害怕地哭着追了上去。这个场景伴着被抛弃的恐惧感,在我童年的梦里出现了很多次。

可能有些妈妈会说,孩子如果以哭泣来"要挟"我满足他的需求,难道我该向他妥协吗?

关于这个问题,在后面的章节可以找到答案。

孩子与父母需求的一致性

前年的夏天，乐乐一直说要游泳，而我一直没有时间给他买泳衣，直到周六才到商场给他买了一套泳衣。乐乐拿到泳衣很是兴奋，我答应周日上午带他去小区游泳池游泳。

第二天吃完早饭，乐乐就催促我赶紧去游泳池。到了游泳池，里面的工作人员还在清洁泳池，泳池的外面还贴着告示：上午不开。我对乐乐说："今天上午不开，晚上妈妈再带你游泳好不好？"

结果乐乐"哇"的一声大哭起来。

我知道他伤心，盼望已久的游泳活动不能进行，对他来说是一个很大的打击。

我牵着他的小手，摸着他的小脑袋，一直安慰他，"妈妈知道你盼了好久，可是游泳池没开门，妈妈也没办法啊！你不能游泳很难过，妈妈理解你，你想哭就哭吧"。

回到家里，乐乐钻进我的怀里，不停地把脸上的眼泪和鼻涕往我衣服上蹭。

过了一会儿，他突然止住了哭泣，然后有点不好意思地去拿了几张餐巾纸，主动把蹭到我衣服上的鼻涕眼泪擦掉了。

在我看来，当孩子因为某个需求没有得到满足而哭泣的时候，我们需要给予他情感上的理解和支持。当我们与孩子在一件事情上的认知达成一致的时候，我们就会和孩子形成亲密的伙伴关系，这种关系直接影响我们的亲子关系。因此，我们与孩子认知达成一致的多少，将直接影响我们亲子关系的质量。

当然，这里所说的一致性是说孩子有需求，父母也认同孩子的需求，就像乐乐要游泳这件事儿，我的立场和他完全一致，只是因为客观原因无法满足他的需求，但我会让他感受到我对他的需求的理解和接纳。

在孩子的成长过程中，每一位妈妈都会遇到各种各样的事件。而这些事件，如果在妈妈眼里是大事儿，在孩子眼里是小事儿；或者在孩子眼里是小事

第二章　培养有幸福感的孩子

儿，在妈妈眼里是大事儿。那么，我们对孩子的爱，孩子很可能就感受不到。

就像我曾经误会我妈不爱我，其实那只是她对大小事儿的理解错位了。

对孩子来说，吃饱穿暖之后，情感需求就成了第一位，这时孩子需要的是我们每天关注他内心那个"爱的水杯"是否装满。

只要妈妈理解正确了孩子眼中的大事儿和小事儿，爱的方法自然也就对了。

四、不要跟孩子较劲儿

有一天早晨在小区锻炼,看到旁边一张长椅上一位妈妈正在哄不到两岁的小女孩穿鞋,可小女孩闹着不穿。这位妈妈立马声调提升了八度,喊道:"你不穿是吧,那妈妈把鞋子扔掉了!"

接着就看到小女孩的妈妈抓起鞋子举得高高的,故意让小女孩看见,然后在小女孩的注视下把鞋子扔得远远的。

本以为小女孩不会跑去捡自己的鞋子,没想到她看到自己的鞋子被扔,就赶紧跑去捡。但由于鞋子被妈妈扔得太远,还没走到扔鞋子的地方,她又被其他东西吸引住了。

这时,小女孩的妈妈赶紧又使了一招:"那你不要鞋子,妈妈也不要你了。"说着就往前走,小女孩一看妈妈走了,于是赶紧去追,但还没追上,她妈妈就躲了起来,小女孩吓得大喊着:"妈,妈,妈……"

在乐乐不到两岁的时候,我也曾经和上述那个场景里的妈妈一样,会因为一件很小的事情和乐乐较劲儿。现在回想起来,觉得自己跟一个不到两岁的小孩儿较劲儿,真的是很可笑。

第二章 培养有幸福感的孩子

很多时候，孩子不听话，我们就会下意识地进入和孩子较劲儿的状态。这种状态我们也可以称为权力之争，即一定要跟孩子争个输赢。

我们希望孩子成为和我们不一样的人，有个人独特的想法和见解，那既然如此，我们为什么又要强求孩子"听话"呢？

孩子之所以不听话，很多时候，只是他们想要遵从自己的内心而已，就像我们小时候会跟我们的父母对着干一样，不到两岁的孩子是这样，十几岁的孩子也是这样，甚至成人后亦是这样。

给孩子提供选择

给孩子提供选择，看到这种说法，你可能会有些担心。

不过，正确地引导孩子做出选择是父母的责任，也是孩子成长过程中必须要掌握的一项生活技能。

在正确地引导孩子的方法里，最符合孩子生命规律的方法，莫过于给孩子提供多种选择，并把主导权交给孩子。

虽然孩子小，但我们让孩子自己选择，自己主导，对他也是一种很好的锻炼。即使孩子做出的选择是错误的，带来的后果也不会过于严重。在孩子做了错误的选择后，引导孩子去改正错误，不仅能够让孩子形成知错就改的习惯，还可以锻炼孩子勇于承担责任的能力。所以，我们要放手让孩子自己去选择，让孩子自己来主导。

在婴儿几个月的时候，他们的自我意识就开始觉醒。我记得乐乐几个月的时候，有一次用小勺子给他喂水，他就哭着扭头躲避勺子。于是，我就观察他的反应。我发现，他尝试着抓住小勺子，然后自己往嘴里送。

孩子两岁左右，他们的自我意识开始加速发展，这也是为什么会有"terrible two"（可怕的两岁）这种说法的原因。其实，这是孩子在尝试成为自己。

比如，之前提到的那个不肯穿鞋子的小女孩，如果她的妈妈能够尊重小女孩的自我意识，让小女孩自己选择："你是想要妈妈给你穿鞋，还是想要自己穿？"我想这样，小女孩也许就自己开开心心地动手穿鞋了。

早上孩子穿衣服磨蹭，我们也可以让孩子选择："你想妈妈给你选衣服，还是自己选衣服？""你想穿裙子，还是想穿裤子呢？"

每天，我们都可以给孩子提供很多选择，这会让孩子感觉自己拥有很多主导权，让孩子感觉自己很了不起。

让孩子自己选择

很多妈妈会担心一旦让孩子选择，场面就会失控。

其实，我也曾有过这样的顾虑。

所以，当我们刚开始尝试让孩子选择的时候，不要给孩子过多的选择，以免把自己绕进去。比如，孩子不想洗澡还想玩，如果让孩子选择，可想而知，孩子一定会选择继续玩。

这个时候，我们就要尝试给孩子一些更加可控的选择，比如，问问孩子，是想要妈妈帮他脱衣服洗澡，还是自己动手玩一个"脱衣魔法秀"。我想，孩子一定会对第二个选择两眼放光。

平时我们带孩子出门，最消磨我们耐心的是，他一会儿跑这儿看看小花小草，一会儿跑那儿看看小蚂蚁，总之，一定不会按照我们期待的那样走到目的地。

这个时候，也可以尝试让孩子自己选择。可以问问孩子，是想要妈妈带路，还是自己来当导游带妈妈前行呢？我想出于玩心，孩子一定也会选择后者。当孩子自己负起带路的责任的时候，他的责任感会让他专注在这件事情上，分心磨蹭的情况就会减少很多。

吃饭的时候，孩子可能会说，妈妈我不想吃这个菜，不想吃那个菜，只想吃番茄鸡蛋。这个时候相信大多数父母一定不想让孩子自己决定吃什么菜，因为这不仅会让孩子摄入的营养不够均衡，还会养成孩子挑食的坏习惯。

这时，我们可以告诉孩子，我们每一顿饭都要从红色、黄色、绿色、紫色、白色五种颜色的蔬菜里面挑三种颜色的蔬菜进行食用，你想吃哪几种颜色的蔬菜呢？等孩子选出颜色之后，可以让孩子继续选择与那三种颜色相对应的蔬菜。这样，不仅可以让孩子认识各种颜色的蔬菜，记住各种蔬菜的味道，也会让孩子对吃饭产生期待，并慢慢爱上吃饭。

给孩子主导权

很多妈妈也会担心，一旦让孩子主导，自己就会失去父母的权威，任由孩子摆布。

其实，这个担心是源于我们自己对父母这个角色的错误认知，大多数父母认为一定要有权威，才能够镇得住孩子。实际上，父母不需要有权威，只需要有能力影响孩子即可。而让孩子占据主导地位，不仅不会让我们失去影响孩子的能力，反而还会帮我们培养出充满自信的孩子。

去公园的时候，我会让乐乐来选择我们在哪片草地上铺垫子休息。因此，每次去公园，乐乐都会很认真地对待自己"选址"这项工作，甚至连收垫子的工作也要争着做。

把主导权交给孩子后，他的责任感就会慢慢萌生，同时也会提升他解决问题的能力。

我记得乐乐四岁的时候，有一次去公园玩。乐乐帮我们选好铺垫子的地方后，我和乐爸坐了没多久，太阳就晒到了我们的垫子上。

乐乐发现了，马上说："糟糕，太阳出来了。"

我还没来得及建议乐乐换地方，他就主动提出了解决方案，"妈妈，我们要赶紧换一个地方，换到那边那棵大树下面，太阳就晒不到了"。

乐乐仔细"侦查"了好几棵大树的位置，权衡再三，才选了那棵最粗壮的大树，确保待会儿太阳不会再晒到垫子上。

周末的时候，我也会让乐乐安排我们去哪里玩。所以每次还没到周末，乐乐就会提前筹备了：这周要去哪个公园，野餐要带什么吃的……他都会反复思考。如果下雨在家里玩，我也会让乐乐来安排今天做什么，他会把自己的一天安排得井井有条，一会儿画画，一会儿听故事，一会儿玩乐高……

相信孩子，即使他们年龄很小，但也有能力去主导一些事情。当孩子从自己主导的一件事情里获得了成就感，那他就会更加确信自己的判断力；就算自己主导的事情失败了，孩子也会从中吸取经验教训。

记得有一次爬山，我让乐乐自己准备要带的东西，他原本计划要带一个小铲子去山上挖苔藓，结果出门的时候忘了拿，结果就因为忘记带小铲子而没有挖到想要的苔藓。从那以后，乐乐很少再忘记带东西。而且，他还养成了用完东西做好清点，把东西收好的习惯。

我们给予孩子的主导权越多，孩子从家长这里感受到的信任就越大；孩子感受到的信任越大，他们想要把事情做好的意愿也就越大。

没有不听话的孩子，只有不愿意给予孩子选择和主导权的父母。大人眼中的不听话，仅仅是孩子想要成为自己而已。

第二章　培养有幸福感的孩子

五、给孩子足够的空间，让他们自由成长

大学时期，同宿舍有个学霸，其自主学习能力非常强，并对自己的未来进行了明确的规划：大一参加各种社团活动，熟悉学校的生活，建立自己的圈子；大二开始参加班长竞选，学生会竞选，锻炼自己的领导能力；大三修完四年的学分，开始学习德语；大四通过德语语言考试，毕业后去德国留学。

当时绝大部分同龄人，包括我，只知道努力学习才能成绩好，成绩好才能考上名牌大学，考上名牌大学才能有更好的生活。但是，我们从来不知道，什么是更好的生活，什么是自己真正想要的生活。这可能是我们这一代人最大的悲哀。

在成长过程中有足够的空间去尝试和探索，并不断地被允许进行试错调整，才会养育出对自己的未来有着明确规划的人。可惜的是，我们绝大部分人都不被允许按照自己的意愿去做事情，也不被允许拥有与别人截然不同的想法，不被允许表达自己的真实感受……

种种成长经历，让我们误以为这个世界的事情非黑即白，没有中间的灰色地带。长大后，我们才慢慢明白世界并非如此，我们的人生需要自我把握和负

责，我们想要的东西应该努力争取，追求自己想要的生活并没有错。

思想观念转变以后我们才去找寻并追求自己想要的生活，可是，这时我们已经落后他人一大截了。上文提到的学霸在目标的指引下去追逐自己想要的生活的时候，我还在校园里闲逛。

给孩子一定的空间如此重要，可是如何给孩子足够的空间呢？下面我用自己与乐乐相处的情境为例向大家讲述这个问题。

我记得乐乐两岁的时候，就开始主动帮大人扫地、擦桌子。

当然，他完全帮不上忙，只能越帮越忙，但是全家人都会给乐乐足够的空间让他去做他喜欢的事情，即使扫完地，地变得更脏了；即使擦完桌子，桌子变得更黏糊了。不仅如此，乐乐做完之后，我还会诚恳地感谢他："今天乐乐帮妈妈擦桌子了，让妈妈节省了很多做家务的时间，谢谢乐乐。"

在做"家务"的过程中，乐乐的身体得到了锻炼，对于"干净"和"不干净"的概念也逐渐清晰，于是在他四岁的时候，就能够帮我们做家务了。他能把垃圾扫到垃圾堆里，也能把地板擦得干干净净，还能把擦地的毛巾放到水龙头下面搓干净。

从乐乐会说话开始，基本上和他相关的、不会带来严重后果的事情，我们都会交给他决定。比如，穿哪件衣服、哪双鞋子、吃什么菜、吃多少、走哪条路、去哪里玩、出门带什么……

如果遇到乐乐没有任何想法的时候，我也会在给他几条建议之后，再加上一句"你来决定"。所以，乐乐在做决定的时候，从来不会纠结。

孩子小的时候，要允许他们犯错，这样孩子才能认识错误并进行改正。随着孩子的成长，他们犯的错误自然就会减少。

那如何给孩子足够的"允许"呢？

和所有妈妈一样，在乐乐自我意识开始发展之后，我也遭遇了被乐乐反复拒绝的时期。

"乐乐，我们现在去刷牙吧"，"不"；"乐乐，我们出去玩吧"，"不"；"乐乐，我们去洗澡吧"，"不"；"乐乐，我们现在来收拾玩具吧"，"不"……

第二章　培养有幸福感的孩子

对于这样的事情，我一般会分两类进行处理：一类是乐乐必须要完成的事情，比如，刷牙、洗澡；一类是乐乐在当下不必做的事情，比如，出去玩、收拾玩具。

如果是必须要完成的事情，我一般会用有趣的方式吸引他，比如，用《小小粉刷匠》的调子唱："我是一只小牙刷，小呀小牙刷，我把乐乐的小牙齿，刷得白又亮。"或者用魔法变出一把小刷子，然后用搞笑的语调对乐乐说："我是小刷子，谁想用我来给澡盆洗澡呢？"这时，乐乐一般都会很开心地跑过来。

如果是有权利拒绝的事情，我一般都会顺其自然，让他自己去感受他的决定会出现什么结果。如果他自己能接受，即使和大人的想法不一样，那也没关系，因为这是他的权利。

当然，对妈妈们而言，我们要做的就是对这些事情做一个正确的分类，弄清哪些是孩子必须要做的，哪些是孩子有权利拒绝去做的。

如果孩子的生活中，80%的事情都能得到充分的允许，那么他愿意去遵守那20%的规则。

所以在乐乐大概四岁半的时候，我就欣喜地看到，乐乐会把在家的时间自主安排好，什么时候玩玩具，什么时候看幼儿园的"快乐字宝宝"，什么时候看幼儿园的英语书，什么时候要我陪他下去玩，什么时候要我给他讲绘本，什么时候要我陪他做手工……

当然，可能很多妈妈会问，孩子小的时候，这些事情还好办，可是孩子上小学之后，就会面临不写作业，或者拖拉等情况，这些的确不容易解决。

孩子越大，来自孩子的挑战也就越多。如果我们能在孩子小的时候，就给孩子足够的空间，那么孩子就会形成自我负责的意识，并养成自律的好习惯，这些问题可能就不会常常发生；即使发生了，只要稍微引导或者提醒，孩子就会很快进行调整。

我一直认为，教育的终极目的只不过是让孩子能够勇敢地去追求他们想要的生活，并且能够为自己的行为负责。

六、孩子不合作，用游戏搞定

当孩子过了两岁后，每天都会向我们发起各种挑战：吃饭的时间，孩子不好好吃饭；洗澡的时候，孩子不肯洗澡；要睡觉了，孩子不肯睡觉；该起床了，孩子躲在被窝里怎么也不愿意出来；洗漱的时候，孩子磨磨蹭蹭就是不肯刷牙；好不容易把孩子穿戴整齐，准备出门时，他又慢吞吞迟迟赖着不走，做父母的我们终于忍不住要冲他发脾气了。

游戏是孩子的天性

面对一个慢性子，并且喜欢和我们对着干的孩子，我们难免会为上述这些生活琐事跟孩子较劲儿。可是，如果我们有一定的觉察力，每天把自己和孩子的对话记下来就会发现，其中免不了不停地说教和唠叨，最后导致情绪的大爆发。

的确，说教是我们下意识的语言。

第二章 培养有幸福感的孩子

"宝贝儿,你要多吃青菜,你光吃肉不吃青菜,身体会缺乏维生素的。营养不均衡,就会长不高。"

"宝贝儿,我们每个人都要洗澡,要不然身体会很脏。"

"宝贝儿,快起床,要迟到了!你看昨天晚上让你早点睡你不肯睡,现在起不来了吧,妈妈说了要早点睡觉,你就是不听!"

我们每天都这样一遍又一遍地给孩子解释不做这件事的后果是什么,并一遍又一遍地向孩子解释为什么一定要做某件事,可是为什么孩子就是不愿意听从呢?

这是因为孩子的大脑发育程度还有人生经验都没有办法和成人相比,我们很多的经验之谈孩子不能理解,并且孩子想用自己的方法去探索和感知这个世界。孩子的很多行为都是靠情绪来支配的,如果当下的情绪告诉他想要继续玩滑梯,那他就会继续玩滑梯,从而拒绝你提出的回家的要求。在这样的情况下,除非用一个特别的方式让他改变原先的想法,否则很难说服他跟你回家。

而对于孩子来说,最吸引他的事物莫过于游戏。游戏是孩子的天性,孩子对游戏的热情,是一种天然的需求。如果一个四五岁的孩子对游戏嗤之以鼻,只能说明他过早"成人化"了。

很多时候,孩子明明知道这只是一个游戏,但还是会全情投入。

起床也可以有很多有趣的方式

我会为了叫我们家乐乐起床而创造各种好玩的游戏,每一个游戏都适用于不同的情况。由于孩子每天的状态都不一样,因此我需要根据不同的情况使用不同的游戏。我使用的这些游戏虽然并不是自己精心策划的,但是通常都会收到良好的效果。

比如,我会用《Row, Row, Row your boat》这首歌的调子唱着自编的滚球歌:"Roll roll roll the ball, Lele comes to mommy, roll roll roll roll roll roll roll roll roll roll roll, Lele comes to mommy..."

本来还在赖床的乐乐,听到我自编自唱的搞怪歌曲,就开始闭着眼睛傻乐。只要看到他闭着眼睛开始笑,我就知道游戏起作用了。果然,没一会儿乐乐就笑呵呵地起床了,很配合地穿衣服刷牙洗脸上学。

再如,乐乐有时会给我设置关卡,他会哭丧着脸说:"妈妈,我被卡住了,滚不动了。"

我就会很配合地问:"啊,你被卡住了呀,需要妈妈帮忙吗?"

乐乐则会笑呵呵地说:"需要。"

我就开始假装用双手给他解锁,一次不够,两次还不够,乐乐玩得简直是不亦乐乎。

我装作好累的样子,然后深呼吸一次,很努力地储备力量,接着一鼓作气,"打开,打开,打开……"

过了好一会儿,假装帮他全部解锁了,他才笑眯眯地乖乖从床的那头翻滚到我怀里来。

想要孩子开心地起床,最好的方式就是用一个打动他的游戏把他叫醒。当他微笑着睁开眼看向你时,你可以给他一个吻或者拥抱,那么孩子就再也找不到赖床的理由了。因为这个时候,和妈妈一起玩有趣的游戏就成了孩子起床的动力,这样孩子就会迫不及待地起床。

孩子具备把所有事情转化成游戏的能力

有一天,我和乐爸带着乐乐还有他十岁的小表姐一起去公园玩。

乐乐的小表姐背了一个小背包,背包里装着她的水杯和其他东西。背包有些重,她不太想背,所以就想让我帮她背。我告诉她:"你看,我很想帮你,但我也背了背包,手上还拎了东西,没有办法帮你了呢!自己的东西自己背哦。"

这个时候,乐乐开心地跑过来,说:"姐姐,姐姐,给我背吧,我想背。"

乐乐的表姐自然很开心地把背包交给了乐乐，而乐乐背着小表姐的背包开心得不得了。

同样是孩子，大一点的姐姐就觉得背包是负担，不想背，但小一点的乐乐就觉得背背包是一个很好玩的游戏。虽然背包有点重，但是他很想玩这个游戏，所以他愿意主动去背。

其实，孩子都有把所有事情转化成游戏的能力，很多时候我们没有办法理解孩子的行为，只是因为我们早已失去了那份童心童趣。

当孩子沉浸在游戏的世界里，他的眼里就没有划算不划算、该不该做的概念，而只会关心这项游戏是否有趣。

就像乐乐主动要去背姐姐的背包，他并不会觉得自己承受了不应该承受的负重，而是觉得"背背包太好玩了"。

父母的游戏能力是可以习得的

虽然我们早就失去了游戏的能力，但庆幸的是，游戏是一门技能，我们可以通过后天不断地练习而习得。

虽然每天我都跟乐乐玩大量的游戏，但在遇到乐乐不合作的情况下，如果不是每次有意识地去调整自己的方式，就会再次回到说教的路上。

有一天，乐乐在小区玩沙子不想回家。眼看天要黑了，也到饭点了，我下意识地催促乐乐："乐乐，我们要赶紧走了，你看天都黑了，妈妈的肚子也饿了。"

乐乐装作没听到，继续玩沙子。

"乐乐，你不走的话，那妈妈走了哦。"

我装作要走的样子，乐乐还是不为所动。

我又回到他旁边，继续劝说："乐乐，妈妈真的要走了，要不然我们今天又要很晚吃饭，很晚睡觉，明天又起不来啦！"

乐乐瞟了我一眼，说："妈妈，我喜欢玩沙子，我就想再多玩一会儿嘛！"

眼看说教和威胁都不管用，我觉察到自己有点着急和烦躁了，于是赶紧调整自己。突然，脑袋里面灵光一闪。

我对乐乐说："哇，宇宙飞船要起飞了，谁想要当飞行员？"

乐乐抬起头，眼睛一亮，立马举手说："妈妈，我要，我要当飞行员。"

"好，那我们赶紧穿上鞋，登上宇宙飞船吧。"

"好的，妈妈！"

就这样，我们俩一路开着"宇宙飞船"回家了。

我很庆幸自己没有在说教和威胁失效后变成一位怒气冲冲的妈妈，而是及时用孩子喜欢的游戏语言把他哄回家。

游戏有时会成为父母和孩子联系的桥梁，要想成为一位会玩游戏、会用玩游戏的方法教育孩子并不时产生奇思妙想的家长，我们就要足够了解孩子，摸清孩子的喜好。

比如，了解孩子的兴趣爱好是什么，了解孩子最近对什么最着迷，了解孩子自己会玩什么游戏，了解孩子会被怎样的音调所吸引……

只有足够了解孩子，才能"发明"出一个又一个吸引他们的好游戏。

七、孩子，你只需要每天进步一点点

对待孩子，我们习惯了爱之深责之切。

我们的初心是，希望通过我们的反馈，让孩子看到自己的不足，从而能够做得更好，但是我们往往忽略了，孩子如果看不到自己的能力，也就无法建立自信心。我们越是告诉孩子哪方面做得还不够好，还需要努力，孩子就会越没有自信。

如果我们希望孩子能够拥有自信，增强抗打击的能力，那就需要在孩子小的时候多多对其进行鼓励，放手让孩子去尝试，并肯定孩子付出的努力。这样，才能慢慢地培养孩子的自信。

很多妈妈跟我聊育儿过程中遇到的困惑时，都会说，自己不知道如何鼓励孩子，也没有鼓励孩子的习惯。或者一说到鼓励孩子，就会走向另一个极端，动不动就是"宝贝，你真棒！""宝贝，你真聪明！""宝贝，你好能干！"

其实，孩子需要的不是父母对事情的结果进行肯定，而是父母能够看到他们的努力和进步，并给予适当的引导。

一天晚饭后我带着乐乐去找他的同学小泽，两个小朋友一起玩爬栏杆、吊单杠等游戏。

七、孩子，你只需要每天进步一点点

乐乐玩单杠，刚开始因为手上汗多，根本吊不住。给他擦干汗之后，乐乐在我的帮助下抓住了单杠，吊了五下。当他看到小泽吊了二十下时惊呆了，大声嚷嚷着自己要吊十下，没想到他做到了！这一刻，他觉得自己很厉害，于是放出要吊八十下的"豪言"，结果可想而知。

回家的路上我和乐乐讨论制定目标的事情。

我："乐乐，刚才你说要吊八十下，你觉得这个目标怎么样？"

乐乐："有点太多了。"

我："对呀，我们制定目标最好要考虑自己的能力。你觉得多少下自己可以做到？"

乐乐："十下。"

我："十下你已经做到了。如果再多一点呢？"

乐乐："那十一下。"

我："很好。我们明天十一下，后天十二下，再后天十三下……每天进步一点点，很快就可以吊二十下了。你觉得做得到吗？"

乐乐："做得到。"

每次乐乐想要挑战一件从来没有尝试过的事物时，我都是用类似的方法去鼓励他，让他觉得其实只需要坚持一下就可以了，或者只需要做出多一点点努力就可以了。因为觉得很简单，触手可及，所以乐乐会动力满满地去尝试。

一天晚饭后带乐乐下楼玩，顺便带了一个篮球。

由于之前的一周我特别忙，晚上都是爷爷带着乐乐下楼散步。听爷爷说乐乐通过一周的练习，竟然可以连续拍球二十多下了。我感到异常惊讶，因为在这之前，他最多只能连续拍球三到五下。

下楼后，我问乐乐："你是想先跑步还是拍篮球？"

乐乐说："我先跑步。"

于是，我就陪乐乐沿着圆形的花坛跑了五圈，然后让他拍球。

刚开始他拍五下左右，就会把球接住，然后继续拍几下，再把球接住。

我："乐乐，我听爷爷说你可以连续拍球二十下了"。

乐乐："我可以连续拍二十下。"

我："那能不能拍给妈妈看一下？"

于是乐乐开始认真地拍,没想到真的拍了二十下。

我:"哇,乐乐,一周前你还只能拍五下,妈妈才几天没有陪你,你就能连续拍二十下了,你的进步好大!"

乐乐听了开心得不得了。

乐乐:"妈妈,我还可以拍更多。"

于是乐乐继续拍,没想到这一次竟然拍了三十五下!

我:"哇,哇,哇,乐乐太厉害了,居然拍了三十五下。"

乐乐得意地问我:"妈妈,你小时候可以拍多少下啊?"

我:"妈妈呀,妈妈小时候有时候十下,有时候二十下,有时候三十下。"

乐乐:"为什么呀?"

我:"因为妈妈没有练习,所以发挥不稳定。"

乐乐:"那妈妈为什么不练习呀?"

我:"因为妈妈没有坚持呀。那你是怎么做到能连续拍三十五下的?"

乐乐:"因为我坚持了呀。"

我:"那我们如果想要拍四十下、五十下怎么办?"

乐乐:"我每天多拍一下。"

我:"对的,我们每天进步一点点就好了。"

每天只需要比昨天的自己进步一点就好了。对孩子来说,这就是最好的鼓励。

鼓励在最平实的语言中,也在不经意之间,甚至我们平时都不会留意。但就是这些平实的语言,一点一滴地帮助孩子建立了自信。因此,在陪伴孩子的过程中,我们不要吝啬对孩子真诚的鼓励和赞美。

第三章
深度陪伴没有诀窍，唯有用心

一、早晨的黄金半小时

二、下班后的水晶一小时

三、晚饭后的钻石两小时

四、碎片的珍珠时间

五、深度陪伴三步骤

第三章　深度陪伴没有诀窍，唯有用心

深度陪伴不是说陪在孩子身边就可以，而是要用心。

我们之所以每天为琐事烦恼，不能安心地深度陪伴孩子，是因为我们没有把深度陪伴放在一个很重要的位置。要知道，深度陪伴没有诀窍，唯有用心。

大多数父母不能做到深度陪伴孩子，不仅是因为缺少时间，还可能缺乏科学的陪伴方法。如果说为孩子花钱就能让孩子成才，想必父母会毫不犹豫地掏钱，可要是说用心，可就犯愁了。父母一方面感觉自己不懂教育孩子的方法，害怕耽误孩子；另一方面担心自己付出了心血，却达不到满意的成果。

在本章节中，我会从陪伴孩子机会最多的几个生活场景入手：早晨、下班后、晚饭后、碎片时间，并结合我和乐乐的故事，分享给大家一些深度陪伴孩子的方法。我独创的深度陪伴PCR模型也会介绍给大家，方便大家结合自己的时间以及孩子的喜好，去安排个性化的陪伴计划。

一、早晨的黄金半小时

在乐乐大概四岁零九个月的时候,有很长一段时间,我和乐乐的一天都是从叠被子的游戏开始。

我一般都是6:00—6:30起床,先忙完自己的事情,等到7:30准时叫乐乐起床。

走到乐乐身边,看着他因为紧贴着床单而被挤压的微微鼓起的小脸,我会忍不住亲他一口。乐乐感受到我的动作会"嗯"一声,然后侧过脸朝另一边继续睡。

这时,我会拉开窗帘,然后开始叠被子,边叠边说:"早上好,乐乐。7:30啦,起床喽,妈妈要叠被子啦。"

我把被子全部摊开,铺满整个床,把他完全盖在里面,然后故作惊讶地说:"咦,我的小乐乐跑哪儿去啦,我怎么找不到啦?"

这时,他会露出可爱的小脸,笑道:"妈妈,我在这儿呢!"说着便笑嘻嘻地滚进我的被子里面不出来,要我把他一起叠进被子里面。

叠完被子,乐乐会趴在被子上,手抱着堆得高高的被子,撅着屁股,说:

第三章 深度陪伴没有诀窍，唯有用心

"妈妈，这是我的土豆超市。"（那段时间看斯凯瑞的金色童书系列《迷迷糊糊的侦探》看多了，乐乐很喜欢里面山姆乔装打扮成的土豆袋。）

我和乐乐的一天就这样愉快地开始了。

接着穿衣洗脸刷牙，之后进行早晨的亲子阅读，然后送乐乐上学，到幼儿园刚好8：00多一点点。

工作日，我的目标是在7：30—8：00这半个小时完成以下几件事情：

① 叫醒乐乐起床；
② 和乐乐做亲子联结；
③ 给乐乐穿衣洗漱；
④ 亲子阅读；
⑤ 送乐乐上学。

因为时间点掐得刚刚好，为了避免某个环节拖延，于是我把目标进一步细化，分为以下几点：

① 叫醒乐乐起床（2分钟）；
② 和乐乐做亲子联结（1分钟）；
③ 给乐乐穿衣洗漱（10分钟）；
④ 亲子阅读（10分钟）；
⑤ 走路到幼儿园（8分钟）。

计划出来，总时间超出1分钟，每天到幼儿园的实际时间也差不太多。

当然，每个家庭的早晨时光都可以由妈妈来根据自家的情况进行安排。最重要的是，让孩子清晨起床就能感受到愉悦和爱，而不是催促和烦躁。

现在我们家的起床时间已经调到了7：00，因为现在早上都是乐乐自己穿衣服和洗漱，所以时间会长一些。为了改掉总是需要我叫乐乐起床的习惯，我将人工叫醒升级成了工具叫醒——"牛听听自动熏教功能"。我提前给乐乐设置好每天早上7：00的闹钟，"牛听听"一到时间就会播放乐乐喜欢的孙敬修爷爷讲的《西游记》，他听到后就会乖乖醒来。我还顺便进行了晚上8：00播放古典音乐的设置，乐乐一听就知道该洗漱了，洗漱完就可以听睡前故事了。

我想，妈妈们最关心的是，时间虽然计划清晰了，但是如何在每一个环节

计划的时间内做到深度陪伴呢？下面的章节，我会一一进行拆解。

叫孩子起床

叫孩子起床，对很多妈妈来说是很大的挑战。孩子可能因为前一天晚上睡晚了，起不来，也可能会习惯性赖床。

对于这类孩子，我的法宝就是：用游戏的方式叫醒孩子。

当然，孩子每个阶段喜欢的游戏都会不一样。

比如，前面提到过几种轻松叫醒孩子的游戏，这里再跟大家分享一个捏脊的小游戏。

乐乐有段时间特别喜欢让我给他捏脊，我边给他捏脊边轻声哼唱："捏呀捏呀，捏汤圆，捏了一个大汤圆，嗯，捏个什么馅儿的呢？"

乐乐一听立马就会睁开眼，开心地喊："捏个芝麻馅儿的。"

我曾经也认为孩子如果晚睡了，第二天早上起不来是正常的。直到有一次，我用类似的方法在7：30叫醒了头一天晚上翻滚到11：00才睡着的乐乐，我才意识到事情并不是那样的。

早睡还是晚睡，并不是决定孩子能否顺畅起床的最重要因素，合理的叫醒孩子的方式才是。

亲子联结

我们在叫孩子起床的时候，可以同步进行亲子联结，让孩子睁眼之后，就能立刻感受到妈妈浓浓的爱意。早晨和孩子做亲子联结的最简单方式就是笑容、亲吻和拥抱。

孩子睁开眼之后，给他一个大大的笑容，温柔地看着他说："早上好，宝贝。"然后再送上一个亲吻，并给他一个紧紧的拥抱。

第三章 深度陪伴没有诀窍，唯有用心

对孩子来说，每天睁开眼就能看到妈妈充满爱意的眼神，收到热情洋溢的早安问候，得到甜蜜的亲吻和温暖的拥抱，将成为孩子起床的最大动力，也会成为孩子最温馨的童年回忆。

如果孩子大一点了，可以适当增加一点幽默感，模仿外星人的口吻对孩子说话，比如，"欢迎你来到早安星球，我是早安星球001号，我的名字叫作妈妈。我因为早起而闻名于我的星球，早起是一种优秀的习惯，也欢迎你加入我们，我的孩子。"

每次我这样模仿外星人的声音跟乐乐说话的时候，他都会咯咯地笑个不停。

穿衣洗漱

每天早晨最纠结的莫过于给孩子穿衣洗漱。

我们一方面希望孩子可以自己穿衣洗漱，另一方面又嫌弃孩子动作磨蹭，耗时太长，然后忍不住帮孩子去完成穿衣洗漱的行为。

跟大家一样，我也有过这样的纠结。

乐乐刚上幼儿园的时候，在工作日我会鼓励他自己动手，然后我在一旁辅助，周末的时候我就让乐乐自己独立完成。比如，我会帮乐乐穿上衣，但是一定要他自己系扣子，并让他自己穿裤子和袜子。这样当他穿裤子和袜子的时候，我就可以给他接好洗漱的温水。

如果乐乐速度慢悠悠的，我就会提醒他："宝贝，如果你想要和妈妈一起读书，那就要抓紧哦，要不然时间就不够了，咱们洗漱完就只能直接上学喽。"

乐乐听到这句话，一般都会火力全开，迅速搞定。

刷牙的时候也一样，乐乐四岁左右的时候长了蛀牙，牙医建议的刷牙方式是牙齿的各个部位都要刷到。由于刷牙的步骤比较复杂，乐乐还不能完全掌握刷牙齿里侧的技能，所以我会先帮他刷牙，然后给他留十秒钟，让他认真练习刷牙齿里侧的技能。

现在乐乐已经完全掌握了自己快速穿衣洗漱的要领，就连洗澡也能自己搞定了。

亲子阅读

早晨的亲子阅读，是我非常推荐的深度陪伴方式，特别适合没有大量时间陪伴孩子的爸爸妈妈。

虽然早晨的时间很短，但是通过精心安排，也可以取得非常不错的效果。

阅读的地点选择很重要，优美的阅读环境会让孩子得到舒适的阅读体验，甚至让孩子爱上阅读。我建议根据孩子的喜好来选择适宜的阅读地点，阳台就是一个不错的阅读地点。

早晨阳光明媚，坐在阳台的椅子上，可以沐浴着阳光，听着阵阵鸟鸣，呼吸着清新的空气，陪孩子进行阅读。这样的亲子阅读时光，不仅可以使孩子身心愉悦，也可以让父母舒缓身心。

阅读的书籍不妨让孩子自己来选择，我就经常把选择书籍的权力交给乐乐。乐乐很有计划性，一本绘本再好看，看了三四遍之后，他会主动说："妈妈，这本绘本看了太多遍了，我要换一本了！"

阅读的时候，我会把乐乐抱在腿上，如果视野被挡住的话，我会让他和我并排坐在同一张大椅子上，然后把头靠在我的肩膀上。

如果妈妈们在对孩子进行英语启蒙，那我建议把英文绘本的阅读时间放到早上，因为早上孩子的记忆力最好。妈妈在早上也是最有耐心、最有创意的时候，这样更方便我们指导孩子进行学习。

当然，不是所有的家庭都可以在早上安排出十分钟的亲子阅读时间。我之所以可以这么安排，也是因为乐乐的幼儿园就在小区里面，路程很近。如果要送孩子去小区外的幼儿园或者小学上学，那么可能早上就会很匆忙，这种情况下，可以把亲子阅读时间放到晚上。

第三章　深度陪伴没有诀窍，唯有用心

送孩子上学

　　一天清晨我跑步的时候，看到小区里有一位爸爸送儿子去上学。让人感到意外的是，两人之间没有任何交流，爸爸面无表情地在前面自顾自地行走，儿子背着书包低着头默默地跟在他的身后。

　　当时我特别感慨。很多爸爸都忙于工作，很少有时间陪伴孩子，既然能够挤出时间送孩子上学，那为什么不抓住这个机会多与孩子进行沟通？

　　乐乐的幼儿园就在小区里面，走路八分钟就可以到。但这短短的八分钟，我也会充分地利用起来。

　　有时候，我会跟他一起晨跑；

　　有时候，我会和他一起观察哪家阳台上的杜鹃花开得更艳；

　　有时候，我会跟他一起数每一栋楼外面的水管，总共有多少根；

　　有时候，我们会一起观察阳光照射到我们身上的影子，并玩踩影子游戏；

　　有时候，我会跟他一起简单地享受清晨的阳光、蓝天和白云；

　　有时候，我会跟他一起背《声律启蒙》；

　　有时候，我们会一起唱英语儿歌……

　　对孩子来说，在上学的这段路上越快乐，孩子就越能带着愉悦的心情走进校园，孩子的一天可能都会很开心。

二、下班后的水晶一小时

职场妈妈最头疼的莫过于陪伴孩子的时间太少,奋战在北上广深一线城市的妈妈们这种感受可能最为强烈。每天忙完工作回到家就已经很晚了,为了能够多陪陪孩子,总是想着把孩子睡觉的时间往后延迟,可是又担心这样做会影响孩子的发育。

我的一位朋友天天加班,有时甚至忙到半夜还不能回家。为了多多陪伴孩子,她不得已辞职做起了全职妈妈。

当然,绝大部分职场妈妈不至于工作到如此晚,所以只要我们找到合适的方法,还是可以充分利用下班后的时间,做好深度陪伴的。

我们没必要跟其他全职妈妈去比较陪伴的时间长度,只需每天做到全身心陪伴孩子至少三十到六十分钟就可以了,这其实并不是一件难以做到的事情。

那如何利用工作之余做好深度陪伴呢?

第三章　深度陪伴没有诀窍，唯有用心

打破固化思维

绝大部分妈妈认为，只有下班后回到家才能陪伴孩子。但如果回家后孩子已经睡觉了，那就没时间陪伴孩子了。

之前有一位妈妈跟我说，自己因为每天加班到八九点，回到家太晚，没有办法陪伴孩子太多时间，所以很苦恼。我问她，是否一定要在公司加班。她说也可以在家加班，只是同事们都在公司加班，自己一个人提前下班觉得不太好，担心别人对自己有看法。

我建议她不用在乎短时间内大家的看法，完全可以准时下班，因为她可以拿工作业绩说话。这样不仅可以在孩子睡觉之前，充分陪伴孩子，还可以等孩子睡觉之后再继续工作，既不耽误工作又有时间陪伴孩子。

但有一些妈妈由于工作性质等原因，无法把工作带回家，这种情况下就需要换一种方法来平衡工作与孩子之间的关系。

一般来说，如果妈妈下班比较晚，那家里一定会有人帮忙照看孩子。这种情况下，可以让家人把孩子送到妈妈的公司附近，妈妈可以带着孩子玩半个小时左右，然后再让家人带孩子回家洗漱睡觉。如果妈妈公司附近刚好有一个安静的小公园或者广场，那妈妈可以带着孩子去公园或者广场玩游戏。对孩子来说，每天和妈妈一起玩游戏的时间，是孩子最开心的时刻，相信孩子回到家一定会带着甜甜的笑进入梦乡。

如果妈妈的公司离家很近，可以在下班后先回家陪伴孩子一个小时，然后再回公司工作。这不仅能让妈妈们从繁重的工作中暂时抽身出来，和孩子玩一会儿，还可以帮助妈妈们积蓄力量，大大地提升工作效率。这也是国外很多人性化的公司，会在其内部设置一个小小的托儿所的原因。

当我们打破固化思维，就很容易解决工作与陪伴孩子之间的冲突问题。简单归纳一下，得到了以下三种解决方案：

① 妈妈把工作带回家，陪完孩子再工作；

② 让家人把孩子送到妈妈公司附近，妈妈陪完孩子再让家人带孩子回家；

③ 妈妈下班后先回家陪伴孩子，然后再回公司继续工作。

制造惊喜和仪式感

倘若我们的生活中没有婚礼、没有生日、没有中秋、没有春节、没有礼物，甚至没有任何惊喜，试想一下，几十年之后，我们是否觉得生活千篇一律？因此，我们需要在枯燥的生活中制造一些惊喜和仪式感，以此来增添生活的色彩，对孩子同样应该如此。

（1）惊喜

有一天，接乐乐放学的时候，突然想给他一个惊喜，于是就对乐乐说："咱们今天不在家吃饭，妈妈带你骑车去一个地方野餐。"乐乐一听野餐，马上兴奋地大喊："Yes，Yes，野餐！"

我本来想带他骑车去附近一个地方野餐，那是一个很大的自贸区，里面很空旷，也有很多好玩的地方。

我本以为那个地方不太远，骑车过去只需要二十分钟，可等我们出了小区，我才发现我们必须横跨的一条主干道的红绿灯是双向不同步的。这就意味着必须在两条马路中间停留，而中间停留的地方只能刚好站一个人，要想把整辆自行车放上去，很是危险。无奈，我只好带着儿子退回小区。

为了不扫儿子的兴，也为了兑现自己的承诺，我决定在小区里野餐。我在乐乐的自行车车筐里面放了一个蓝牙小音箱，然后我们背着野餐包骑着自行车在小区里逛了好几圈，最后在一棵树下听着舒缓的音乐进行了野餐。

乐乐一直处于兴奋和享受的状态，并缠着我每周都要进行野餐。

（2）仪式感

有一天，我和乐乐尝试着把周一到周日定成不同的主题，好让乐乐的生活有一定的仪式感。于是乐乐给每一天取了一个名字，分别为：识字日、画画日、跑步日、骑车日、阅读日、野餐日、玩乐日。然后在以后的日子里，我们根据不同的主题做相关的事情。

当然，这并不意味着只有在阅读日才能阅读，也不意味着阅读日就不能做其他的事情，而只是说在那一天我们可以有意识地多做和当天主题相关的事情。通过在特定的主题日和孩子一起做与之相关的事情，一方面可以让孩子的生活变得更有规律和节奏感，另一方面也可以增强妈妈和孩子之间的情感联结。

了解孩子的需求

没有哪个妈妈不希望做到深度陪伴，但往往我们并不清楚自己的孩子需要怎样的深度陪伴。

我们以为给孩子买各种好吃的、好玩的，让孩子约上一群小朋友一起玩，就是深度陪伴，但孩子可能只是想要你温柔地看着他，和他说话，陪他玩。因此，想要做到真正的深度陪伴，我们首先要明白孩子的需求。

比如，大多数妈妈都知道孩子需要拥抱和亲吻，可是对有些"爱的水杯"很满并且正在迈向独立的小朋友而言，他不一定会喜欢。如果我没有经过乐乐的允许就拥抱和亲吻他，他就会很不开心。这表明他的"爱的水杯"已经很满了，不需要拥抱和亲吻了。

所以，我们要用孩子需要的方式去陪伴他们，而不是我们喜欢的方式。

三、晚饭后的钻石两小时

世界上最辛苦的职业是妈妈。

世界上一周工作七天,每天二十四小时无休,而且没有工资的职业是什么?依然是妈妈。

在"妈妈界",最让人挫败的是,虽然很努力,也很用心,但既没有成为一个好妈妈,也没有成为一个快乐的妈妈。

全职妈妈虽然可以每天陪伴孩子,可由于琐事太多,陪伴孩子的质量未必高;职场妈妈由于工作占据了大部分时间,因此陪伴孩子的时间少得可怜,而且下班后在陪伴孩子的时候,也很难做到全身心的深度陪伴。

我也曾是一位职场妈妈,那个时候,每天陪伴乐乐的时间也就平均两个小时。比如,晚上7:00到家,9:00让孩子上床睡觉,这两个小时的时间似乎很短,能做的事情也很有限,但我的陪伴却取得了不错的效果。

接下来,我给大家分享一下自己下班后陪伴乐乐的日程表,希望能够带给大家一些启发。

第三章　深度陪伴没有诀窍，唯有用心

自信心

晚上7：00，下班回家后，我会收拾一番然后带乐乐下楼玩。

乐乐很开心地告诉我，"妈妈，我今天学跆拳道了。"

"妈妈，我教你跆拳道。攥紧拳头，像这样。"

"妈妈，你要这样把手伸出去，哈。"（他像模像样地边出拳边吼了一声）

"妈妈，假装有两个靶，用脚这样背踢。一定要用脚背踢哦，不能用脚尖踢。"

"妈妈，要这样跑。"（乐乐一手收拳，一手伸拳，跑了出去）

乐乐说得头头是道，仿佛很享受当一个跆拳道老师的过程，我也乐得配合他。

我笑着对乐乐说："老师，我又忘了，能不能再教我一次。"

乐乐听后很认真地为我又做了一次示范。

那一刻，我觉得安静地配合孩子，做一个什么也不用操心的妈妈真好。

学跆拳道，是乐乐自己主动提出的，他下课后回到家还经常兴冲冲地教我。我很享受跟随他学习跆拳道的过程，因为这样不仅可以让他把学到的动作多温习几遍，还可以让他在学习跆拳道的过程中发现更多乐趣。

其实培养孩子自信心的方法很简单，给他一些空间，交给他自己选择的权力，尊重他的想法，欣喜地接受他分享的知识。慢慢地，孩子就会变得自信起来。

社交能力

晚上7：20，我跟着乐乐老师学完跆拳道，帮他约对面一栋楼的同班同学小B一起玩。

两个小男孩在滑梯里玩角色扮演的游戏，两个人还商量了一个主题是：小

B生病了。

乐乐问："小B，你怎么了？"

小B："我的肚子被狗狗抓到了。"

于是乐乐向我求助："妈妈，小B肚子被狗狗抓到了，怎么办呀？"

我："那要打狂犬疫苗哦。"

乐乐装作给小B打完狂犬疫苗，然后关心地问小B："你好点没有？"

小B："我没有好点，我想喝水。"

然后小B装作很虚弱的样子，从椅子上起身去找他妈妈要水喝。

我跟小B妈妈看着两个人你一句我一句的互动场景，被逗乐了。

他们随后又玩会儿滑梯，接着又玩杂货店老板的游戏，最后还去沙坑里玩一会儿。直到乐乐被小B弄得满脸沙子，小B大笑着跑开，乐乐才哭丧着脸从沙坑里爬出来，两人才结束玩耍。

我用保温杯里面的温水一边帮乐乐洗掉满脸的沙子，一边问乐乐："下次有人往你脸上扬沙子，你怎么办呀？"乐乐想了想说："我会马上把眼睛蒙住。"

孩子之间的玩耍，不仅能让孩子开心，还能增强孩子的社交能力，但要在保障孩子安全的前提下进行。

开怀大笑

晚上8：15，是我和乐乐进行亲密游戏的时间。

每次晚饭后和乐乐散步回来，我都会把乐乐横抱起来，然后旋转了一圈又一圈。就是这样一个简简单单的游戏，都能让乐乐开心地大笑。

其实，让孩子开心的并不是游戏本身，而是陪孩子玩耍的人是否是孩子喜欢的。孩子待在喜欢的人身边，哪怕只是静静地坐着，依然会感到快乐。相信这种感受，我们也曾体验过。

耐心

晚上8：20，散完步回到家，给乐乐洗澡。

洗澡时，乐乐喜欢把一个玩具洒水壶放进澡盆里面玩水。

他先把洒水喷头和壶身分开，然后尝试组装在一起，但是没有成功。

乐乐："妈妈，你帮我装。"

我："你试一下自己装呢？"

乐乐："不，妈妈装，我装不上。"

我："重要的不是结果，而是你的努力。你试着装五次好不好，如果试了五次还是不行，妈妈再和你一起来装。"

乐乐听后很敷衍地尝试了五次，都没有成功。

乐乐："妈妈，我不行，你来装。"

我："努力是要用心去做哦。刚才妈妈感觉你没有用心，你用心地再试五次好不好？要知道结果并不重要，但用心尝试的过程很重要。"

乐乐听完，便耐心地开始尝试。第一次不行，第二次还是不行，第三次差一点，第四次终于成功了！乐乐开心极了，居然抱着我的脖子用力地亲吻我的脸颊。

其实，并不是孩子动手能力不行，他们只是在遇到一点困难时，便选择了放弃。有时，只需要我们的一些鼓励，孩子就会耐心地想办法去克服困难。让孩子在游戏中懂得做事需要耐心，岂不乐哉！

健康和规律作息

晚上8：40，洗完澡，给乐乐换上睡衣，然后给他捏脊五次。

由于这几天乐乐有轻微流鼻涕的症状，做鼻子保健推拿两个穴位各一百下，按摩腹部一百下。

晚上8：50，让乐乐上床睡觉。

深度陪伴的两个小时,看似时间很短,其实可以陪孩子做很多事情。我认为要想做好深度陪伴,关键要掌握以下几点:

(1)给自己设定一个短期陪伴的目标

比如,我给乐乐的短期陪伴目标就是提升他的力量感、自信心及社交能力,所以我会围绕这个目标专门设计一些活动。

(2)妈妈的情绪管理能力

深度陪伴的关键点在于妈妈的情绪管理能力。

比如,孩子和小朋友一起玩耍被对方打了,或者像乐乐一样被对方把沙子扬到脸上,这时作为妈妈的你是焦虑,还是恐惧?是把这种焦虑情绪不自觉地传递给对方的家长,还是传递给自己的孩子,抑或是选择平和的方式来处理?

再如,孩子给你示范跆拳道的动作,你是挑剔还是欣赏?是把追求完美传递给孩子,还是把漠不关心传递给孩子,抑或是选择爱和关注?

妈妈的情绪管理会影响到深度陪伴的质量。

(3)妈妈对陪伴孩子的态度和期待

大多数妈妈因为陪伴孩子的时间少,所以每当陪伴孩子的时候,都希望取得良好的质量。

如果孩子作业写得慢,或者学习能力差,抑或与小朋友发生冲突,妈妈就会出现焦虑的情绪,可能就会忍不住批评孩子。

孩子很期待妈妈能够多给自己一些关心、疼爱和安全感,而不是大声地呵斥和批评。一味地说教与批评并不会让孩子快速成长,反而会让孩子和妈妈的距离变得更远。

如果说陪伴是最长情的爱,那么深度陪伴则是最有诚意的长情的爱。

四、碎片的珍珠时间

在"妈妈界",缺少时间是个普遍存在的问题。因为有了孩子就会多了一项非常耗精神、耗体力、耗心力、耗时间的活儿——养育孩子。

不管是职场妈妈还是全职妈妈都问过我这个问题,似乎每个在时间管理上特别无力的妈妈背后都存在一个系统问题,这个问题涉及自己的情绪管理、时间管理和惯性思维等。

本节可以给妈妈们在碎片时间如何对孩子进行深度陪伴提供参考,就以我做职场妈妈时如何深度陪伴乐乐为例。

我的理想状态是:

按照以下四点,早上的亲子陪伴时间可以有五十分钟。

① 6:30起床;

② 6:30—7:00自己梳妆完毕;

③ 7:00—7:30给乐乐读绘本顺便玩一个游戏;

④ 7:30—7:50送乐乐上学。

按照以下六点,晚上的亲子陪伴时间又可以有一百三十五分钟。

四、碎片的珍珠时间

①6：30准时到家；

②6：30—6：45吃晚饭；

③6：45—8：00陪乐乐散步，玩耍；

④8：00—8：15给乐乐洗澡；

⑤8：15—9：00给乐乐捏脊，读绘本。

⑥9：00准时睡觉。

这样每天总共就有185分钟，也就是3个小时的亲子陪伴时间。

对于缺乏时间陪伴孩子的妈妈们，这3个小时的碎片时间已经非常充足。我可以和乐乐一起亲子共读，一起做手工，一起散步运动，一起做游戏，也可以教乐乐英语，给乐乐洗澡、捏脊做日常保健，还可以约他的小伙伴玩。这些几乎可以覆盖阅读、手工、游戏、运动、社交、英语、健康保健等方面。

这样理想的状态虽然偶尔有之，但是不多。

绝大部分情况下，我的状态是：

由于早上会有一些事情要处理，比如，要写原创文章，要早起锻炼身体，所以早上基本没有陪伴乐乐的时间。

而晚上的亲子陪伴时间有如下五点：

①8：00　到家；

②8：00—8：30　陪乐散步玩耍；

③8：30—8：45　给乐乐洗澡；

④8：45—9：00　给乐乐读绘本，捏脊；

⑤9：00　准时睡觉。

即使这样安排，偶尔还会有一点延迟。所以晚上的亲子陪伴时间也就六十分钟而已。在这短短六十分钟内，想要有一个高质量的陪伴，就要有所准备。具体准备可以参考以下几点：

第三章 深度陪伴没有诀窍，唯有用心

高质量亲子陪伴的准备

在下班回家的车上，做十五到三十分钟的禅修，释放一下压力、疲劳和情绪。下车后进入小区，在小区内步行五分钟就可以到家。不过，我一般会在小区里找一个椅子坐下来独处五分钟。在这五分钟内，我有时会听一点音乐，有时只是闭眼静静地休息五分钟。

这样，我回家见到乐乐的时候（通常是在小区楼下和正在玩耍的乐乐碰头），我的精神是很饱满的，情绪是很平和的，心情是很愉悦的。这个时候我全身心投入的陪伴，才是高质量的陪伴。

设置深度陪伴的目标

设置一些阶段性的亲子陪伴的目标。比如，乐乐上幼儿园的第一个学期，我的亲子陪伴的主要目标是帮助乐乐尽快地适应幼儿园；第二个学期，我的主要目标是帮助乐乐改善健康，摆脱每个月一次生病的节奏；第三个学期，我的主要目标是提升乐乐的社交能力；第四个学期，我的主要目标则是给乐乐做英语启蒙……

由于亲子陪伴的时间很短，如果没有目标，就容易变成低质量的陪伴。

为深度陪伴而学习

乐乐上幼儿园的第二个学期，为了改善他的体质，我花了大概半年的时间密集地学习中医知识，仅仅李辛的《儿童健康讲记》我就看了五遍。通过学习，我知道了乐乐爱生病的主要原因是脾胃不好。为了帮他改善脾胃，我每天会给他做一些养胃的食物，并每天坚持给他捏脊，还陪他锻炼身体增强抵抗力。

每天早上起床和晚上睡觉之前,我都会给乐乐捏脊,乐乐很享受这个过程,有时还会让我多捏一会儿。

每天晚饭后我都会带乐乐去楼下散步,并想办法让乐乐至少跑步二十分钟。2016年,周末的时候我经常带乐乐去爬山,那一年光深圳的南山我就带他爬了十七次。我带他做的运动没有白费,乐乐从一个走几步就要抱的小朋友变成了能够一口气爬到山顶的小男子汉。

脑洞大开的深度陪伴

在深度陪伴孩子的过程中,每一个家庭都会面临不同的挑战。比如,乐乐刚上幼儿园的时候不爱跑步,跑几步就会喊好累。为了让乐乐爱上跑步,我想了以下几个办法。

(1)示范

起初让乐乐跟着我跑,结果不到三十秒,他就嚷着要休息。后来我就自己跑,让乐乐在一旁看着,没想到他竟然主动加入,并跟着我跑了好久。

(2)同理心

一段时间后,我发现仅靠我来带动乐乐运动还不够,于是只能继续想办法。

我对乐乐说:"妈妈爱漂亮,想要减肥,但是妈妈不想一个人跑步,乐乐能不能帮助妈妈,陪妈妈一起跑?"

乐乐愉快地答应了我的求助,开始每天陪我跑步。不过,这个方法只能让乐乐连续跑最多两分钟,第三分钟来临时他总要休息一下才能继续。他的体力实在是太差了,我看后忧心不已。

(3)游戏法

每当乐乐跑不动的时候,我就会对乐乐说:"宝贝,我们一起开火车吧,你想当火车头还是车厢(一般孩子都喜欢当火车头)?"

乐乐说:"我要当火车头。"

我:"好呀,那妈妈当车厢和乘客,火车头一定要在妈妈前面哦。"

用游戏的方式可以让乐乐坚持得更久,他累了歇一小会儿后,就又会跑起来。

(4)梦想激励法

有一天乐乐告诉我,他的梦想是当一名厨师。我猜这可能是因为爷爷每次在厨房做饭的时候都不允许乐乐去厨房,这种做法让乐乐觉得厨房是一个神奇的地方,于是让他萌生了做厨师的念头。

我一想这是一个难得的教育机会,于是对乐乐说:"宝贝,你想当厨师,但是你知道吗,厨师要力气很大才能当哦!你看爷爷切菜的动作多么利索,如果你想要成为厨师要像爷爷那样切菜才行,你需要多跑步来增强力气。"

乐乐一听,整个人的动力都被激发了,顿时跑得飞快。

陪伴孩子可以同时做几件事

这里所说的可以同时做几件事情是指,可以在陪孩子散步的时候,和孩子玩游戏,培养孩子的独立能力、想象力和创造力等。

散步的时候,我会和乐乐一起模仿某个绘本故事来玩游戏,我们玩得比较多的是女巫温妮和黑猫威尔伯的游戏。当我们走到小区内一个熟悉的分叉口时,我会跟乐乐玩一个游戏,让乐乐选一条路,自己选另一条,然后约定在前面那棵大树下会合,并告诉他如果有需要可以随时喊妈妈。这样的游戏能够锻炼乐乐的独立能力和胆量。

记得有一次,由于我没有顾虑到乐乐的感受把乐乐惹哭了,等乐乐平复之后,我就和乐乐一起讨论要为对方着想的话题。我先提出以后会通过各种方式来为乐乐着想,然后问乐乐能不能为我着想一下,没想到乐乐居然想出了五个为我着想的方案。

没有时间陪伴孩子,只是父母的借口,时间只要挤总会有的。如果每天10:00才回到家,晚上没有时间陪伴孩子,那可以在早上找时间与孩子相处。

四、碎片的珍珠时间

从孩子起床的那一刻到自己出门，至少可以有半个小时的亲子陪伴时间。

深度陪伴应该是一个常态，我们之所以陷入生活琐事不能深度陪伴，是因为我们没有认识到亲子陪伴的重要性。没有认识到亲子陪伴的重要性，自然就不愿投入时间和精力去学习思考，并付诸实践了。

五、深度陪伴三步骤

前面章节分享了很多自己深度陪伴乐乐的过程，总结起来有三个步骤：计划（Plan）、选择（Choice）、拒绝（Rejection），简称为P-C-R模型。

计划

妈妈们都想要深度陪伴自己的孩子，但是真正把深度陪伴落实到计划的妈妈却少之又少。

想要实现深度陪伴，具体可以参考以下三个方面：

（1）制定短期目标

首先，明确自己深度陪伴的短期目标。比如，可以制定三个月的短期目标，让自己养成好的深度陪伴习惯。其次，要增强孩子的安全感，降低孩子的焦虑。比如，重新走入职场的妈妈，陪伴孩子的时间就会变少，那就要想办法增加亲子联结。再次，调整孩子的作息。比如，由于寒假的时候孩子的作息不规律，父母要想办法在孩子开学之前帮孩子进行调整。最后，适当地改变自己的教育方式。比如，改变自己过于粗暴的教育方法，修复情感联结。

（2）确定陪伴节奏和时间

① 节奏。妈妈们应该养成每天深度陪伴的习惯，哪怕只有十五分钟，也会比周末突然来的四个小时要好。因为孩子需要每天都感受到妈妈的爱，这样他们"爱的水杯"才不会干涸。

② 时间。妈妈们可以根据自己的情况来选择早晨、白天还是晚上来陪伴孩子。白天陪伴孩子适合全职妈妈，因为职场妈妈白天需要上班，实在难以抽出大量时间陪孩子；早晨是妈妈们一天中情绪最好的时候，这时拥有足够的耐心；晚上的时间虽然比较充足（如果我们能够在孩子睡觉之前回到家的话），但因为工作了一天，可能不如早晨时精神饱满。

陪伴孩子的时间，妈妈们可以根据自己的实际情况来决定。但还是建议妈妈们至少抽出早上三十分钟、晚上三十分钟的时间来陪伴孩子。

（3）确定陪伴内容

大多数妈妈会误以为陪伴孩子就是跟孩子聊聊天，或者只是陪在孩子身边。

其实，深度陪伴孩子的内容丰富多彩，比如，可以做亲子阅读，可以和孩子一起做手工，也可以和孩子玩游戏，还可以跟孩子一起锻炼跑步，甚至可以陪孩子慢悠悠地散步。随着孩子年龄的增加，还可以陪孩子下棋，或者和孩子一起学习乐器，这些都能够让孩子感受到浓浓的爱。

当然，陪伴的过程，一定不要少了拥抱和亲吻。

选择

深度陪伴固然对孩子至关重要，但也要按照具体情况做出选择。

如果是全职妈妈，那就会有很多时间陪伴孩子；如果是职场妈妈，那就要做出选择，毕竟陪伴孩子的时间有限。职场妈妈可以选择在早上陪孩子，或者晚上下班把工作带回家，陪完孩子之后，再工作。

做选择的时候，我们需要考虑以下三个因素：

（1）孩子的兴趣和喜好

深度陪伴孩子不仅仅是需要花费时间和精力，还要考虑到孩子的兴趣和喜好。比如，如果孩子对跑步并不是特别喜欢，那完全可以让孩子按照自己的兴趣选择亲子手工。

只有孩子喜欢的事情，他才会开心地去做，这个过程才会有好的情绪流动，有了好的情绪流动，才会有爱的流动。

（2）和妈妈的情绪状态匹配

深度陪伴需要妈妈有强大的耐心和平和的情绪。

如果你希望晚上和孩子一起玩游戏，可是每天晚上回到家的时候情绪总是低落，那么你可能就没法用游戏的方法去带动孩子的情绪。这种情况下，也许亲子阅读更适合你。抱着孩子，轻轻地读一本书或者一首诗，然后陪伴孩子入睡，是个不错的方法。

（3）不用担心自己的能力

陪伴孩子的意愿是最重要的，陪伴的能力是可以慢慢提升的。

很多妈妈把英语启蒙作为深度陪伴的方式，她们会为了孩子专门去学英语，学会之后和孩子进行英语对话。她们也会去学"鹅妈妈童谣"，反复练习后唱给孩子听。虽然很多妈妈的英语并不好，唱歌也并不好听，但她们会为了自己的孩子努力学习。

我的动手能力很差，不过我对手工很有兴趣。我经常和乐乐一起做手工，每次我们都玩得很开心，乐乐从不嫌弃我这个"手工小白妈妈"。中国有句古话叫作"儿不嫌娘丑"，孩子是不会嫌弃妈妈的能力不行的，他们在乎的是我们是否用心。

拒绝

做了详细周全的计划，明确了想要实现的目标，我们就应该坚持下去。可是，在为目标奋斗的过程中，我们总会遭遇各种诱惑和干扰。这时候，就需要我们做出适当的拒绝。以下是我们可能遇到的情况，和我给出的一些应对方法。

（1）拒绝干扰

手机可能是最大的干扰源。微信的提醒、短信的通知、突然的电话……这些都是常见的干扰因素。

陪伴孩子的时候并不意味着就要抛开手机，拿着手机可以随时记录孩子一些有趣的童言童语。比如，我就会经常把乐乐说的一些有趣的话录下来，然后放给他听。但有时候，自己会经不住手机的诱惑，从而忘记身边的孩子，因此我们要学会拒绝干扰。当然，这干扰并不仅仅指外界的干扰，还包括我们自己的思绪。比如，我们习惯性走神，陪孩子的时候突然不知道思绪飘到哪里去了；或者，在陪伴孩子时，突然想起还有一件很紧急的事情，然后把孩子抛在一边。面对这些干扰，最好的方法就是做好清单管理，确保自己不会被这些没有完成的工作干扰。

（2）临时的邀约

有人约我们喝咖啡、逛街，我们肯定会欣然前往，但如果在你深度陪伴孩子的时候向你发出邀请，那你是否还会应邀？

面对这种情况有两种解决方案：其一，临时的邀约可以不去。因为一旦这个口子打开，你的深度陪伴计划可能就前功尽弃了。其二，可以重新建议选择一个时间，或者委婉地拒绝。

（3）懒癌症发作

明明约好了早上和孩子有十分钟的亲子阅读，可是冬天冷了懒癌症发作，早上不想起床；或者晚上睡得太晚，早上起不来了。

这都是我们在执行计划的过程中经常会遇到的情况。

这个时候，就要拒绝懒癌症，给自己打一针鸡血。

第三章 深度陪伴没有诀窍，唯有用心

当然，如果最近真的很累，那么可以和孩子提前做好沟通，偶尔改变一下计划也未尝不可。我的生活态度是，永远不要给自己找借口，但是永远也不要苛求自己。

第四章
深度陪伴，培养能玩会学的孩子

一、你阅读，孩子才阅读

二、来一场家庭"绘画手工班"

三、零基础英语启蒙，如此简单

四、每天十分钟的国学启蒙

五、保护孩子的提问能力

六、玩中学与问中学

七、仪式感，让孩子成为"有情"的人

第四章　深度陪伴，培养能玩会学的孩子

我看过一些抨击快乐教育的文章，大意是快乐教育等于不教孩子东西，让孩子不学习。我认为这是一种偏见，因为孩子既需要玩耍，也需要学习。

玩耍和学习这两件事既不是毫无关联，也不是可以随便舍弃的事情之一，更没有孰轻孰重之分。我认为培养能玩会学的孩子，才是正确之路。而深度陪伴，就是培养能玩会学孩子的最好方式。

孩子进入幼儿园之后，和家人相处的时间大大减少。随着社会的发展，人们获取信息的渠道逐渐增多，孩子接触到的信息也越来越丰富，于是父母要学的东西也就越来越多。

陪伴孩子的时间有限，孩子和家长都要学大量知识，怎样把孩子培养成能玩会学的孩子呢？

本章节将打破课堂的空间概念，把孩子学习的课堂搬到生活中来，向大家介绍在生活中给孩子做基础启蒙的方法，并结合"玩中学"和"问中学"的方法，把我们懂得的知识用孩子能够理解的语言进行讲述，让孩子在玩的同时就能学习。

一、你阅读，孩子才阅读

经常会有很多妈妈问我，如何才能让孩子爱上阅读。我的回答一般都是，"先让自己爱上阅读"。美国《纽约时报》有位书评人曾经说过，很少有孩子会主动喜欢上阅读，通常都需要一个人引领他们进入书中的奇妙世界。

先让孩子喜欢上书

乐乐刚刚几个月大，我就开始给他读绘本。不过那个时候，他一点也听不懂，我只是不停地读给他听而已。乐乐会爬之后，我读书，他就在我旁边到处爬，根本没有听我阅读，只会偶尔跑过来把书乱翻一通。但我知道，他能够过来乱翻，就说明距离阅读又近了一步，因为阅读兴趣的培养就是先让孩子喜欢上书。

想让孩子喜欢上书，家里最好能够设置一些放书的小角落，这样宝宝就可以随时随地接触到书。如果家里能购买一些适合小宝宝使用的安全的绘本架，方便宝宝可以爬过去或者走过去取想看的绘本，那当然是最好了。

记得有一位妈妈很困惑地找我，她说："Maggie，我们家孩子一岁多一点，还不喜欢看绘本。每次给她读绘本，她都跑开，完全不听我讲。我看到很多妈妈说自己家孩子一岁已经看了一百多本绘本了，我好着急啊。"我回复她说："你的心情我能理解。其实小孩子在这个年龄乱跑，不听妈妈讲绘本很正常，但是孩子跑开，不意味着她就完全没有听到你讲的内容。我们可以尝试用一些有趣的方式去吸引孩子的注意力。"

刚会走路的小宝宝对周围事物的兴趣，也许远远超过了对绘本的兴趣。对这个年龄段的宝宝，我们不要强求他坐下来一动不动地听我们读绘本，也不要为了强迫他专心听讲，而阻拦他们对周围事物的探索。

妈妈要尝试用各种有趣的方式读绘本，来吸引宝宝的注意力，等宝宝跑过来的时候，就用绘本跟他互动，比如，"哇，这绘本里面的精灵居然会变出一根香蕉？"然后可以装作咬一口，"嗯，好好吃。"接着可以询问孩子："你要不要吃精灵变出的香蕉？"

这样不仅把游戏和绘本结合起来，还能吸引孩子的注意。当孩子慢慢熟悉这种方式，就会对绘本产生更大的好奇心。这也是我在培养乐乐阅读习惯的过程中，最常用的方法。

选择适合孩子的绘本

在培养孩子阅读习惯的初期，绘本的选择非常重要。

刚开始选择绘本的时候，尽量要选择孩子喜欢的绘本。比如，孩子喜欢吃，那就选有食物图片的绘本，这样更容易引发孩子的兴趣。记得乐乐第一次坐下来专心致志地翻看了很久的绘本，里面全是食物的图片。而这本绘本还是某个育儿网站赠送的，我觉得质量不好，便随意地扔在了一边，没想到乐乐看到后居然看得津津有味。我曾经给乐乐读过很多荣获了国际大奖的知名绘本，但他都没有产生过太大的兴趣。这本差点被我扔掉的绘本，由于里面有他喜欢的食物，反而激起了他的阅读兴趣。

购买绘本的时候，不能为了贪图便宜就买可能会甲醛超标的盗版绘本。宝宝很重视绘本的故事和图片，也很重视绘本的质感，制作精良的绘本会让宝宝爱上阅读。如果家庭经济条件有限，不能买太多绘本，也可以租借正版的绘本。

年龄小一点的宝宝，我建议为其购买硬纸板书，或者翻翻书。因为有了翻翻书的设计，看书就成了一个探索和游戏的过程。

在给乐乐购买绘本之前，我会先花时间去附近的图书馆挑选适合乐乐的绘本，有时候为了选到一本合适的绘本，可能会翻阅二三十本。随着乐乐一点点长大，我如今会带着他一起去挑选。

我们喜欢的，孩子未必喜欢；我们不喜欢的，孩子未必会不喜欢。通过一点点磨合，我们慢慢地就能清楚孩子的兴趣和喜好了。如果一本绘本孩子反复看了很多遍还是很喜欢，那一定是值得爸爸妈妈买来珍藏的好绘本。

在绘本阅读方面，很多妈妈有一个误区，那就是过于追求孩子读的绘本数量，而忽略了孩子的阅读质量。我们经常在网上看到有妈妈晒自己家孩子三岁，就已经读了上千本绘本了。其实，孩子两岁之前，给孩子重复读少量的几本绘本，比让其一次读大量的绘本要好得多。

一家三口都阅读

吉姆·崔利斯在享誉全球的《朗读手册》里面提到过一项研究，这个研究是检测幼儿园二十一个班级的孩子阅读兴趣的高低，并且研究人员还对这些孩子的家庭环境进行了详细的检测。

检测结果如下：

① 父母闲暇时爱看书，孩子爱看书的比率更高；

② 父母闲暇时爱看电视，孩子不爱看书的比率更高；

③ 家里图书数量多的，孩子更爱看书；

④父母带孩子去图书馆多的,孩子更爱看书;
⑤父母每天给孩子朗读多的,孩子更爱看书。

由此可见,父母的行为习惯、阅读习惯对孩子有着重要的影响。

我的父母都不爱看书,他们为了让我专心学习,规定我不能看课外书。我清楚地记得,中学的时候自己攒零花钱买了一本《红楼梦》,还被父母批评了一通。因此,我没有养成阅读的习惯。

乐爸与我截然相反,他是一个每年可以看上百本书的"书虫"。慢慢地,我受到了乐爸的影响,也爱上了阅读。

乐乐学会说话之后,我们在家的时候除了跟乐乐玩游戏之外,其余的时间都是各自捧着书阅读,这不仅可以在家营造一个阅读的氛围,还能帮乐乐养成阅读的习惯。我们家的电视基本成了摆设,如果需要看电影或者动画片,一般会选择使用高清投影仪,这样孩子就不会习惯性地打开电视。

我看书有个习惯,就是看完后会在电脑上做思维导图的读书笔记,或者直接用便利贴写上读书笔记贴在书上。有时候,乐乐会跑过来好奇地问:"妈妈你在做什么呀?"我告诉他:"妈妈在用思维导图制作读书笔记。"乐乐听完,转头就会在一张纸上随便画几个圈,然后连上线,兴奋地跑过来,说:"妈妈,你看我做的思维导图。"

孩子是父母的复印件

有这样一句话,"孩子是父母的复印件",这里的父母泛指孩子的监护人。也就是说,孩子会学习父母的一言一行,甚至心理状态。

记得我生病的时候,乐乐会跑过来抱着我说:"妈妈,你生病了要多休息,多喝水,要打败病毒。妈妈,我心疼你。"因为在他生病的时候,我对他也说过这样的话。

有一次我带乐乐去超市,买了很多东西,乐乐便主动说:"妈妈,你如果需要我帮忙的时候,你就告诉我。我现在长大了,我可以帮妈妈了。"因为平时和他一起玩的时候，我从来不会主动去帮助他，但是我会让他知道，他需要的时候我会很愿意帮忙。

很多爸爸妈妈习惯用成人的思维进行思考，认为教育就是把自己认为好的东西教给孩子。而这样的思维方式恰恰忽略了孩子的特点，孩子的学习需要经过一个缓慢渗透的过程，不可能像成人一样速成。当下采取的措施固然需要，但更重要的是在采取措施之前，父母们做了什么。

孩子会观察父母的一言一行，然后把这些言行在他的大脑里储存起来，当他们遇到类似事件的时候，他的大脑会自动搜寻过往的相关经验，然后马上做出反应。比如，在一个安静的用餐环境中，孩子看到妈妈会轻声细语地交谈，用手势示范孩子要小声一些，他自然就学会了在公共场合不要喧哗。

如果妈妈平时遇到了问题，会邀请孩子一起分析，讨论解决方案，并按照方案一步步去实施，那么孩子自然会在自己遇到了障碍和困难时，邀请妈妈一起来分析问题，讨论解决方案，并把问题转化为行动。

当妈妈和孩子的意见不一致，但仍然可以接受孩子的想法，并能以平和的方式去对待孩子，那孩子在遇到和朋友的意见或想法不一致的时候，也会平静地接受不同的想法。

教育无非就是父母将自己知行合一的人生，毫无保留地展示在孩子面前，由孩子去决定要从中学习什么。所以，最有保障的教育方式，不是我们去教孩子什么，而是我们要先认清自己，努力成为可以让孩子学习的榜样。

第四章 深度陪伴，培养能玩会学的孩子

二、来一场家庭"绘画手工班"

有一次我在朋友圈发了一张照片，照片拍摄的是乐乐用滴管和水彩绘制的画。这张照片一经上传，朋友们纷纷点赞，我越看越喜欢，于是把乐乐的这幅作品裱了起来，并挂在了墙上。

孩子总是充满创造力，他们无须特意选择颜色，也无须刻意运用绘画技巧，更无须他人进行干预和指导，就会创作出美丽的画作。只要给孩子安静的环境、充足的空间和足够的材料，然后让他们尽情去发挥，他们就会创作出动人的画作。孩子画画与成年人不同，他们不像成年人那样记住事物的形象然后再画出来，而是把自己想要的形象通过创造、想象表现出来。

孩子一岁之后，很多妈妈都会让孩子上一些早教涂鸦班，或者等到孩子上幼儿园之后让孩子上一个绘画涂鸦班，而这些涂鸦班动辄就要上千元。当然，上这些绘画班的好处是，爸爸妈妈们不用自己在家花心思去想应该如何给孩子做绘画启蒙，也不需要自己在家给孩子收拾"残局"。

不过，我觉得在孩子画画的时候，坐在旁边当一个忠实的粉丝，看着孩子兴高采烈地画画，是一种享受。因此，我选择了自己购买材料，让乐乐在家里

二、来一场家庭"绘画手工班"

想画就画。

其实，比起上早教涂鸦班，自己购买绘画材料在家就能给孩子办一个"绘画班"，这不仅能让孩子画画，还能陪伴孩子。如此一举两得的事情，何乐不为呢？

想要在家里给孩子办一个"绘画班"，必须要做好以下几项：

准备

首先，妈妈需要给孩子买尽可能多的绘画材料和工具，并且要考虑到多样性和安全性的问题。

比如，颜料选择这一项，我给乐乐买过的就有水彩颜料、丙烯颜料、手指画颜料和进口色素。这四类颜料的用途各不一样：水彩颜料顾名思义可以画一些水彩画；丙烯颜料就很适合在奶粉罐、石头、木头等特殊材质上作画；手指画颜料安全性能一般比较高，可以长时间接触孩子皮肤，让孩子用手指蘸着颜料在他想要涂鸦的任何地方玩；进口色素就适合几个月或者一岁左右的小宝宝，因为这个时候的小宝宝还有舔手指的习惯，涂鸦的过程中很容易就把手指放嘴里了，而让孩子用进口色素作画是较安全的。

除了颜料，还可以给孩子买水彩笔、彩色白板笔、彩色蜡笔、彩色粉笔等，让孩子去体验用不同的工具绘画的乐趣。当然，还有纸张的选择、绘画方式的选择、绘画环境的选择，总之尽可能让孩子体验丰富多彩的绘画形式。

比如，我会跟乐乐一起玩吹泡泡作画，也会玩滴管画，还会玩瓶塞画、毛球画……总之，不要给自己和孩子设限，生活中的物品只要不危险，都可以拿来给孩子去尝试。

其次，妈妈如果希望孩子画画之后，尽量不会留下"残局"，那就要做好画画过程中的一些必要的防护工作。

比如，可以给孩子买一件带袖子的防护围裙，准备一张较大的防水布铺在桌子上面，甚至可以多准备一张铺在桌子下面。这样，等孩子折腾完，把两张

第四章 深度陪伴，培养能玩会学的孩子

防水布和孩子的防护围裙取掉，家里就还是干干净净的，自己也只需要洗这三件东西就好了，工作量可以减轻很大一部分。

尊重

日本教育学家鸟居昭美说："每一个孩子都是天生的画家，不论是谁都拥有与生俱来的绘画能力。对成人来说最重要的事，是欣喜地守护孩子的这种能力，为孩子创造绘画活动的环境与氛围。孩子的绘画能力不是教出来的，而是培养出来的！"

孩子在三岁以下，大部分爸爸妈妈还可以做到让孩子自由发挥。可一旦孩子上了幼儿园，特别是看到幼儿园的其他小朋友画出了既漂亮又颜色丰富的画，有些爸爸妈妈就开始着急了，会忍不住想给孩子示范，或者去教孩子。

殊不知，教孩子绘画的最好时期是在6~7岁，9岁之后才可以向孩子系统性地讲述一些绘画技巧。过早地教孩子画画，可能会使孩子失去自己独有的绘画风格，甚至可能毁掉孩子的天资。

对于教孩子画画这件事，鸟居昭美曾说过这样一段话："孩子绘画的特点是一心一意，旁若无物，下笔果断。成人绘画时，每一根线条、每一种颜色都会犹豫、踌躇，好像在做很了不起的一件事。成人不应该摆出老师的面孔去教孩子画画，因为孩子天真无邪的作品，即使是毕加索这样的画家都无法模仿。"

所以，爸爸妈妈如果要在家给孩子开"绘画班"，那就一定要懂得尊重孩子。

首先，尊重孩子的自由选择。孩子想用哪种方式，哪种材质作画，孩子想要画满整张纸还是只画一个小的角落，是想要黑白还是彩色，是想要画开心的事情还是不开心的事情……都让孩子自己来决定。

其次，尊重孩子的绘画规律。关于这一点，家长们可以去阅读鸟居昭美的《培养孩子从画画开始》，这本书里非常详细地描述了孩子的绘画规律。当我

二、来一场家庭"绘画手工班"

们知道了孩子的绘画规律,在其他孩子已经可以画一朵花,而自己的孩子还只会画一些看起来毫无意义的圆圈时;在其他孩子已经可以画一个完整的小人,而自己的孩子还只会画一个圆圈加上两条线的时候,我们就不会焦虑了。

倾听

成人欣赏画家的画,或者自己画一些画,这些行为和孩子的绘画行为有完全不同的意义。因此,以欣赏成人绘画的眼光去鉴赏孩子的画是不恰当的。

其实,孩子的画不是用来"看"的,而是用来"听"的。对于孩子来说,他们的画只有被"听"明白了,他们的绘画行为才有意义。

每当乐乐画完一幅画,我总会激动不已,因为我知道乐乐接下来会向我讲解他的画。

周末我有事,乐乐和乐爸还有爷爷奶奶一起去公园玩,回来后乐乐画了一幅画。然后,乐乐开始向我们讲解自己的画:右下角是公园里的叔叔坐在凳子上吹小号,一位阿姨拉小提琴;上面是爸爸妈妈还有乐乐。虽然那一天我没有去,但乐乐仍然把我画在了里面,我也并没有纠正他这一点。在倾听他讲解的过程中我读懂了他的心,他希望我当时也能和他一起听叔叔阿姨们的演奏。这个时候的乐乐刚好四岁半,正是喜欢画头足人(用一个头加上两只腿表示一个人)的阶段。

乐乐边画边说:"妈妈很大,都十八岁了,所以手也很大。"

乐乐还说:"妈妈很开心,所以妈妈在笑。妈妈是女孩子,所以很多头发,妈妈头发上扎了一根橡皮筋。"

我问他旁边写的是什么,乐乐说:"这是妈妈从电脑里面敲出的字。"那段时间确实工作比较多,所以乐乐的画里面都是我在工作。

乐乐在四岁零三个月的时候还画了卧铺火车,以下是乐乐对画中各个物品的解读。

（1）打结的绳子

我："为什么要用绳子？"

乐乐："因为万一有坏人闯入火车，就可以用绳子把坏人绑起来。"

我："为什么要用打结的绳子呢？"

乐乐："因为打结的绳子厉害呀。"

（2）柠檬床

我："什么是柠檬床呀？"

乐乐："柠檬床就是能散发出柠檬味道的床呀。"

我："为什么要散发出柠檬的味道呢？"

乐乐："因为能让大家开心呀。"

（3）保护平衡的平衡板

我："为什么要一个保护平衡的平衡板呀？"

乐乐："因为如果地震了，火车就不稳呀。有了平衡板，就不用担心啦。"

（4）吸尘器

我："火车上为什么还要吸尘器呀？"

乐乐："因为要保持卫生呀。"

（5）飞天扫帚

我："飞天扫帚是做什么的呀？"

乐乐："遇到紧急情况的时候，就可以坐飞天扫帚离开了呀。"

倾听孩子的画，而不去评判，也是和孩子沟通的一种方式。

孩子的画和婴儿的哭是一样的，仅仅是直接表达心情的一种方式。在孩子既不能用语言来充分表达，又不能靠书写文字来表达的年龄，他们会通过绘画来表达自己的想法，讲述自己的感受和发现。无论画的好坏，成人都应该先倾听孩子在绘画中想要表达的东西，理解他们所要讲述的内容。

鼓励

鼓励对于孩子来说是必不可少的。

对于孩子画的画，最大的鼓励，不是妈妈夸张地称赞，而是妈妈认真对待画作的态度。

如果乐乐在黑板上或者白板上画画，我就会认真地拍下来，存在我的印象笔记里面，并告诉他："你看，这里面都是以前你画的画，每一次你的画妈妈都存着呢。"

乐乐就会特别开心地问："妈妈，你为什么要把我的画存着呀？""当然是因为这些都是我们乐乐的作品呀。"

有时候，乐乐会反复要求我打开手机，他要看自己的作品。

如果乐乐画在纸上，我就会用小夹子夹起来挂在墙上的绳子上，或者干脆装进木质相框里面挂起来。

让孩子看到妈妈很珍视他的作品，就是对孩子最大的鼓励，无须过多华丽的辞藻，也无须过多夸张的赞美。

第四章 深度陪伴，培养能玩会学的孩子

三、零基础英语启蒙，如此简单

乐乐快五岁的时候，我才正式开始给乐乐做英语启蒙。

为什么说是"正式开始"呢？因为我在乐乐不到一岁的时候就尝试过双语教育，但后来觉得最重要的并不是孩子的智能和技能的培养，而是爱、安全感、习惯等，所以在启蒙方面就没怎么上心。一晃，乐乐就五岁了。

当然，孩子如果从小就在英语环境中成长，那么就可以省去很多力气。比如，只要父母一方会英文，就可以营造双语环境。但凡事都是说起来容易，做起来难。

大部分妈妈都有这样一个担心，"听说孩子最好是在三岁前进行英语启蒙，我的孩子都过了三岁了，还来得及吗？"

其实不用担心，我们这一代人不都是在十多岁才开始接触英语吗？即使你的孩子跟乐乐一样快五岁了，现在开始启蒙，仍然来得及。因为，七岁以前都是孩子语言启蒙的黄金期。

下面跟大家分享一下我给乐乐做亲子英语启蒙的一些心得。

如何让孩子对英语产生兴趣

我是在乐乐五岁零两个月的时候,才正式开始给乐乐做英语启蒙的。然而,三个月后,乐乐掌握的单词量就达到了一百个,会说的句子达到了十句。虽然这个成绩不是特别好,但是,他对英语产生了浓厚的兴趣。

孩子学任何新东西,兴趣是第一位的,不能为了追求短期效果而对孩子采取强迫、控制的手段。

孩子过了三岁,就可以学习一门新的语言,但由于孩子已经习惯了自己的母语,就会本能地对学习新的语言有一点抗拒,因此我们不能期待孩子会主动对英语产生兴趣。

一个朋友家的女儿刚刚四岁,朋友给她报了英语启蒙培训班。有一次我们带着孩子一起玩,我听说他们家孩子在学英语,就想着正好让两个孩子练习一下英文对话。于是,乐乐问妹妹:"what's your name?"可是,妹妹一句话也不说。朋友告诉我,她女儿学英语一段时间了,但是一句英语都没有说过,在家里也不愿意练习。

类似于这样的情况很多,让父母很着急,其实我们可以试着从下面四个方面来培养孩子对英语的兴趣。

(1)从孩子喜欢的事物开始

我在给乐乐做英语启蒙的时候,想到他对画着食物的绘本很感兴趣,就没有去遵循英语启蒙培训体系的教案和流程,而是先从乐乐喜欢的蛋糕、面包以及他喜欢的香蕉、草莓等开始。

起初,我并没有着急地去给乐乐听很多英文的儿歌,也没有给他读英文的绘本,而是每天带他去面包店买面包、蛋糕,并一遍又一遍地重复"cake""bread",带他去水果店挑水果,也一遍又一遍地重复"banana""apple""strawberry"等词。

就这样,不到一个月的时间,乐乐就能说许多和食物相关的单词了。

(2)从孩子喜欢的故事开始

给乐乐做英语启蒙的时候,乐乐很喜欢看《小猪佩奇》的动画片,恰好小

第四章　深度陪伴，培养能玩会学的孩子

猪佩奇有系列的英文绘本，所以我给乐乐的英文启蒙绘本也是从"Peppa Pig"开始，而并非最简单的绘本。

慢慢地，在给乐乐读这套绘本的过程中，会发现乐乐的一些笑点。

比如，有一天晚上和乐乐一起读了《George's New Dinosaur》，每次看到电池从恐龙身体里面掉出来的时候，他都要笑好半天。于是，我故意在这个部分的内容上让语气和肢体都更加夸张，这样他便会记住"battery"这个单词。

有些妈妈可能会担心，孩子本来就是零基础，一开始就给孩子讲文字太多的绘本，孩子会不会抗拒。

其实不会，因为孩子很喜欢里面的故事情节。刚开始，孩子听不懂，我们可以先讲一遍英文，再讲一遍中文，等孩子对故事情节熟悉了，就可以只讲英文了。

如果妈妈给孩子看《小猪佩奇》的英文动画片，那孩子的学习速度会更快。但要注意控制看动画片的时间，保护好孩子的眼睛。当然，也可以根据孩子的兴趣来挑选绘本。

（3）用游戏的方式和孩子互动

在给孩子做英语启蒙的过程中，妈妈们很容易把英语启蒙当成任务，而不是游戏。

比如，教孩子学一个单词，说了十遍，二十遍，孩子还是记不住，这时就容易抓狂。于是，家长就会让孩子反复重复。可这种方式会让孩子产生反感，他会觉得这是一个任务。结果就是，你越想让孩子学会某个东西，他越学不会。

可是，如果把学习的单词或者句子变成一个好玩的游戏，可能就会取得事半功倍的效果。

记得我跟乐乐玩的第一个英语游戏，是"run and stop"。这是一个非常简单的游戏，当我喊"run"的时候，他就要跑起来；当我喊"stop"的时候，他就要停下来。游戏虽然简单，却是乐乐最爱的游戏之一。他学会之后，就跟我说："妈妈，现在我来喊，你来跑，好吗？"

那一刻，我的内心是欣喜的，有种鱼儿上钩的喜悦感。因为设计这样的

游戏,就是想要他自己主动输出。通过游戏,乐乐很快就能熟练并清晰地说"run"和"stop"这两个单词。

有一次我跟乐乐玩"buy"这个单词的游戏,下面是我跟乐乐的对话。

我:"Can I buy an apple?"

乐乐:"Yes."

我:"Can I buy a banana?"

乐乐:"Yes."

我:"Can I buy a Steve?"(Steve乐乐的英文名字)

乐乐扑哧一下就笑出声来,但还是很认真地回答:"No."

我问乐乐为什么不能买,他回答不出来,我告诉他:"因为乐乐是独一无二的,是妈妈的最爱。"

接下来的那几天,乐乐每天都要跟我玩这个游戏,他很喜欢听我说"乐乐是独一无二的,是妈妈的最爱",还顺便把"buy"这个单词记住了。

只要肯花心思设计一些孩子喜欢的小游戏,就能让孩子愉快地学习。比如,想要教给孩子"yummy"这个单词,那就可以给孩子买一个他最爱的小蛋糕。吃的时候,你可以唱歌:"Yummy Yummy Yummy, the cake is ready. It smells good, I want to eat it..."

调子可以参考《I smell with my nose》这首歌。当吃完蛋糕,孩子自然也就学会"yummy""cake"这两个单词了。这个过程,孩子绝对不会认为这是一个学习的任务,他只会觉得特别好玩。

推荐大家可以给孩子听《Super Simple Songs》系列,里面的歌曲都特别简单,而且涉及生活的方方面面。每一首歌都可以用来和孩子一起做游戏,很适合做启蒙英文儿歌。

除此之外,我们还可以结合儿歌里面的内容,跟孩子一起边唱歌边做手工边玩游戏。记得有一次我跟乐乐就以这种形式一起唱《The Eensy Weensy Spider》:"The eensy weensy spider went up the water spout, Down came the rain and washed the spider out..."

我找了一些毛根儿,跟乐乐一起做了一只蜘蛛,又找了一些磁力片跟乐乐一起搭了一根水管儿。然后，我拿着小蜘蛛往水管上爬，再模仿下雨的样子，把小蜘蛛冲走了……每次表演到小蜘蛛被冲走的环节，乐乐都笑得直不起腰。

玩过这个游戏之后，乐乐不仅学会了这首英文儿歌，也知道了"spider"就是蜘蛛，"water spout"就是水管。很长一段时间，只要看到蜘蛛的图片，或者真的蜘蛛，乐乐就会马上开始哼"The eensy weensy spider went up the water spout..."。

（4）和孩子一起录制读英文绘本的音频

每个孩子都很喜欢听到自己的声音，看到自己的样子，所以都喜欢看和自己有关的视频，听自己声音的音频。

以前，每次到了读绘本时间，乐乐都一定要先读中文绘本再读英文绘本。

直到有一天，我把自己跟乐乐一起读英文绘本的音频放给乐乐听，没想到乐乐听完一遍还要听第二遍。

到了第二天的读绘本时间，乐乐竟主动要求先读英文绘本，并且还让录音。

就因为增加了录音这一个小小的步骤，乐乐对英文的兴趣又增加了不少，而且主动性也提高了很多。

如何让孩子坚持学习英语

（1）不要强迫孩子

很多孩子中途就不想学英语了，是因为父母对孩子进行了太多的强迫。

去年清明节假期，我带着乐乐回老家，没有带任何英文绘本，每天就是走亲戚串门，放松了与乐乐的英文对话。回到深圳之后，乐乐就有点抗拒英文了。每次我想跟他说英文的时候，乐乐就会说："妈妈，不要说英文了，我们说中文吧。"

好不容易养成的习惯，不能就这样轻易地放弃了，于是我就下意识地强迫他："我们之前每天都要说，你不想说，可妈妈想说。"我故意忽略他的感受,不论他是否感兴趣,我仍然坚持跟他说英文。每天睡前我还强迫乐乐与我一起读至少一本英文绘本和一本中文绘本,由于我担心到后面乐乐会困,所以就让他先读英文,再读中文。结果,乐乐更不想看英文绘本,不想说英文了。

过了几天,我决定跟乐乐沟通。我问乐乐:"你不想说英文,是不是觉得妈妈有点强迫你?""是呀,妈妈有点强迫我。"他答道。

中国父母大多数都会有"望子成龙""望女成凤"的心愿,可是我们要明白,强迫孩子不会取得我们期望的结果,反而会把结果弄得更糟。

(2)和孩子一起做日程表

在沟通之后,我又问乐乐:"那你觉得怎样安排比较好?妈妈是希望我们每天既能说中文又能说英文,既能读英文故事又能读中文故事。要不我们一起来做一张日程表,你来安排好不好?"

乐乐一听日程表,就来了兴致。于是,我教乐乐用思维导图来呈现,他花了几分钟做了一张亲子阅读和英文启蒙的日程表。

自从有了这张日程表,每天就轻松多了,我只需要每天早上指着这张日程表问乐乐:今天我们什么时候讲英文绘本呀?今天我们什么时候说英文啊?今天我们什么时候听英文儿歌呀?

乐乐就会告诉我,"妈妈,我想在上学路上听你跟我说英文",或者,"妈妈,我想在放学后的路上跟你说英文"……

因为是孩子自己的计划,所以他拥有完全的主动性,也更容易坚持。

当然,这张新的计划表实际上并没有得到严格的执行,因为他计划的内容太多。但是通过这样的方式,让乐乐觉得自己的想法得到了充分的尊重,他可以选择先看中文绘本,也可以选择先听中文音乐。

过了不到五天,乐乐的状态就发生了很大的变化。他又恢复了对英文的兴趣,每天都会编一段英文歌曲唱给我听,然后问我好不好听。那段时间,他每天都沉浸在乱编英文歌曲的成就感当中,觉得自己特别厉害。而我并没有纠正他,他能够开心地练习英语就好。

(3)让孩子感受到成就感

给乐乐英语启蒙两个月后,看到他对英文已经产生了兴趣,我就开始给他听一些非常简单的英文儿歌。

乐乐惊奇地发现，原来这些儿歌他都能听懂，这带给他很多成就感。他甚至主动跟我说："妈妈，你不要跟我说简单的英语了，你要跟我说复杂的英语。"

我说："复杂的英文，妈妈怕你听不懂。"

乐乐说："没关系，我能听懂，我还能说呢。"

接着他就自己用英文的语调编了一大堆外星文说给我听。

（4）约孩子的同学一起学英文

一天，乐乐约了一位同学来家里玩。我给他们做了小朋友都爱吃的菜，有番茄炒蛋、胡萝卜玉米排骨汤、煎豆腐、咖喱土豆。

因为乐乐的同学正在一个英语培训机构学英文，有一点英文基础，所以我就问他们一些简单的问题，比如，"what's this？" "What color is this？"等。结果两个小朋友说英文的热情空前高涨，都争抢着要回答。这个刚说完，"This is tomato"，那个又争着告诉我，"This is yellow，this is red..."

回答完问题之后，两人还意犹未尽。

为孩子选择合适的音频

大家对安妮鲜花提出的"磨耳朵"这个概念一定很熟悉。

大多数妈妈会把磨耳朵当作英语启蒙的神器，认为去网上下载一些音频用手机放给孩子听，就可以了。可她们却不知道，磨耳朵有两个关键的问题：手机/播放器的音质和音频本身的质量。

（1）手机/播放器的音质

孩子的耳朵特别稚嫩，所以在乐乐很小的时候，给他挑选发声的玩具时，我都会非常注重音质。乐乐慢慢长大后，给他做英语启蒙，我也为他精心挑选了品质优良的音响。

不管是何种手机，长期听手机上的音频，耳朵都会受不了。

所以，我给乐乐用的是音质很温和的"牛听听"。

（2）音频本身的质量

在给乐乐选择磨耳朵的儿歌音频时，我会花几个小时的时间进行精心挑选。为什么我需要耗费这么长时间？因为我要从上百首经典的磨耳朵儿歌音频里挑选出三十首左右的儿歌。而这三十首儿歌又会有各个版本的音频，我会把收听量高的音频都听一遍，并从七八个收听量高的音频里再挑出我认为音质最好的那一个。如果有成人的男声、成人的女声、童声各种版本，音质都很好，我还会结合乐乐的喜好去决定选择哪个版本。虽然这项工作要花费大量的时间，但是我认为很值得。

给孩子做启蒙，家长自己不花心思，就想着甩给孩子一堆东西，孩子自己就能吸收，这简直有些痴心妄想。

同样的内容，音频和音频之间的品质差别还是很大的，不光是唱或者读的这个人本身的嗓音会影响音质，背景音乐的设计、录制的环境、音效的处理等都会对音质产生影响。所以，家长需要对音频进行筛选，尽量选出高品质的音频给孩子收听。

第四章　深度陪伴，培养能玩会学的孩子

四、每天十分钟的国学启蒙

由于我和乐爸交往之前很少看课外书，所以关于国学方面的知识很是欠缺，除了书本上学过的那些唐诗宋词之外，只知道论语的一些经典句子。

如果不是自己当妈妈了，我根本没有机会领略到我们中国的传统文化。

有一次带着乐乐读《诗品二十四则·典雅》，读到"白云初晴，幽鸟相逐"这句，我就觉得古人的文字太美了。带着乐乐一起读《声律启蒙》："春对夏，秋对冬，暮鼓对晨钟。观山对玩水，绿竹对苍松……"这些文字不用读出声来，只是看着就很有意境，美得让人向往。

很多妈妈可能会担心：每天要给孩子做亲子阅读，还要给孩子做英语启蒙，没有时间给孩子做国学启蒙。

其实，国学启蒙并不需要很多时间，毕竟孩子就生活在这个氛围中，所以每天有十分钟时间就够了。我一般会把给乐乐做国学启蒙的时间放到早晨送他上幼儿园的路上，因为走完这条路大概花费十分钟的时间。

当然，乐乐有时候会被其他东西吸引，有时候不想听，不想读，我都会尊重他的选择。如果早上没有进行国学启蒙，那么也可以放到其他时间进行，只要确保这十分钟的启蒙陪伴是有深度的、有品质的就可以。

选择优质资源

网上的英语启蒙优质资源很多，但是国学启蒙的优质资源却很少。

比如，音频。同样的内容，不同的人读出来的感觉不同，这会直接影响到孩子对内容的喜欢程度。

就像《声律启蒙》，在喜马拉雅里面找到的免费版本听起来真的没有感觉，可是听凯叔录制的《声律启蒙》版本就特别有韵味，那99个音频，孩子一听就特别喜欢。虽然是收费的，但真的值得购买给孩子收听。

我给身边很多妈妈都推荐过凯叔录制的《声律启蒙》版本，就连很多从小没有接触过相关音频的小学生也会特别喜欢。去年暑假我带着乐乐回老家，放给快上小学的小侄子听，没想到他一下子就被吸引住了，每天都缠着我放给他听。

诵读的兴趣重于记住的内容

很多父母给孩子做国学启蒙，总会刻板地要求孩子背诵相关内容，却忽略了启蒙最重要的是让孩子对内容产生兴趣。在我看来，孩子对文章的喜欢远远胜过能够背诵相关内容。

想要让孩子对国学产生兴趣，内容本身的韵律性非常关键。比如，《弟子规》和《声律启蒙》，读来朗朗上口，每个孩子都喜欢很适合给孩子做国学启蒙。

我从不要求乐乐一定要背下来多少内容，但我会要求自己先背一些内容。这样，早上送乐乐上幼儿园的路上，我就可以利用宝贵的十分钟，带着乐乐一起诵读。如果我记不住，我会顺便把书带上。

起初，乐乐并不会跟着我一起读。但是过了几天，他就能跟着背几句。虽然，有时候他特别喜欢跟我一起诵读，但有时候他就是不愿开口。但无论他读与不读，我都会要求自己养成每天早上诵读的习惯。

一次上学的路上,我本打算和乐乐一起读《弟子规》,但乐乐说:"妈妈你读,我不读。"我听后没有说什么,就开始自己读,读着读着,乐乐就着急地抢着对下一句,如果抢不到,还会不开心。其实,孩子是会被大人影响的,所以家长更应该以身作则。

在带领乐乐诵读的过程中,我一般不会给乐乐做讲解,不过如果遇到感触很深的语句,我偶尔也会给他解释一二。

有一次我的手腕受伤了,早上给乐乐诵读"出必告,返必面……事死者,如事生",读到"身有伤,贻亲忧"时,我对乐乐说:"这句话的意思就是,如果我们身体受伤了,爸爸妈妈就会担心。你看妈妈的手腕受伤了,如果姥姥姥爷知道了,也会很担心的。"乐乐一听,继续问:"'亲有疾,药先尝'是什么意思?""这是说如果爸爸妈妈生病了,就要先帮忙尝一下药苦不苦,烫不烫,就像你小时候生病妈妈给你熬好中药时的做法。"乐乐又问:"'昼夜侍,不离床'是什么意思呢?""这句话是说,如果爸爸妈妈生病了,孩子就要日日夜夜守在床边照顾爸爸妈妈,就像你小时候生病发烧,妈妈日夜守候在床边照顾你一样。"

乐乐一听就觉得很有意思,原来每天读的这些字有着这么多含义呀。

还有一次,乐乐突然问我一个问题:"妈妈,为什么现在没有皇帝了呀?"接着他又自言自语,"我知道古代有好皇帝,也有坏皇帝。"正好那天早上我跟乐乐一起诵读过《声律启蒙》里面的《二冬3》,有一句"陈后主,汉中宗,绣虎对雕龙"。于是,我马上跟乐乐说:"乐乐,你还记得我们早上读到的'陈后主,汉中宗'吗?他们俩一个就是好皇帝,一个就是坏皇帝。"然后,我给乐乐讲了一下这两位皇帝的故事。

这件事情让乐乐发现,原来《声律启蒙》里面有很多有趣的故事,他对国学产生了浓厚的兴趣。

给孩子做英文启蒙和国学启蒙要经过一个漫长的过程,我们不能因为急着让孩子学某样东西,而忽略培养孩子对英文和国学的兴趣,更不能因为孩子学得慢就对孩子大发脾气。我们应管理好自己的情绪,做一位能够正确关爱孩子的妈妈。

五、保护孩子的提问能力

一个周末我带乐乐去了一个创意集市,里面有很多手工艺人自己制作的首饰、摆设、家居用品等。乐乐被一个卖手工洗手液的摊位吸引了视线,这个摊位上摆了一个带水龙头的透明小桶,水龙头下面放了一个白色的浅浅的用来接水的水盘。这个小装备是供客人体验洗手液之后洗手用的。乐乐主动体验了一番,然后开始向卖东西的姐姐询问问题。

"姐姐,上面桶里面的水用完了怎么办呀?"

姐姐回答:"要再去接水呀。"

"姐姐,去哪里接呢?"

姐姐回答:"要去……"

乐乐继续问。

"姐姐,下面的盘子里面的水满了怎么办呀?"

姐姐回答:"那就把它倒掉呀。"

"姐姐,那你倒到哪里呀?"

姐姐:"倒到……"

这就是孩子的世界。

在成人看来，一个普通到不能再普通的事情，在孩子眼里，却有着无限的乐趣，于是他们会出于好奇提出一个又一个问题。而这份好奇，会促使孩子开始主动探索外部世界，也会促使孩子开始学习独立思考。

随着年龄的增长，有的孩子会爱上独立思考，而有的孩子却变得不爱思考。爸爸妈妈们要怎样做，才能使孩子成为一个喜欢思考、具有批判性思维的人呢？我认为爸爸妈妈们可以从以下几方面进行努力：

保护孩子的好奇心

我一直认为，孩子的创造力是不需要后天培养的，只需要我们保护好孩子与生俱来的好奇心即可。

不过，保护孩子的好奇心并不是一件简单的事，因为孩子有时候会连续不断地提出各种问题，而这些连续不断的问题很容易让我们感到厌烦。乐乐学会说话之后，他的"话痨"特质就暴露了出来。

有一天小区里面一家美容会所搞活动，我带着乐乐去里面坐了一会儿。

前台给我倒了一杯水。

乐乐问："姐姐，这个水从哪里倒的呀？我想看从哪里倒的。"

姐姐只好带着乐乐去了厨房。

两人回来后刚坐下，乐乐又指着桌子上摆放的微信二维码牌子问："姐姐，那个卡片是干吗的呀？"

姐姐说："那是微信二维码啊。"

姐姐想找机会跟我说话，乐乐却不放过她。

乐乐指着堆在地上的很多美容产品盒子问："姐姐，为什么这里还有很多正方形的东西呀？"

姐姐："因为好看啊。"（她以为可以敷衍）

乐乐："那里面装的是什么呀？"

姐姐："那是秘密。"

乐乐："我才不相信呢，我想你现在就告诉我。"

我冲着前台笑了一下，不好意思地说："小朋友就是问题多。"

这个时候前台已经有点不耐烦了。

乐乐又指着美容仪器盘上的金色按钮，问："姐姐，为什么上面有很多金色按钮啊？"

我赶紧抢着回答："那是美容仪器。"

乐乐："美容仪器会干什么？"

当孩子的问题一个接一个的时候，我们不进行阻止，并耐心地回答他们提出的问题，就是在保护孩子的好奇心。

很多爸爸妈妈可能出于担心对方不耐烦，或者出于维护自己的面子，而下意识地打断孩子的问题，并告诉孩子："不要问了，姐姐会烦的。"

其实，我们可以向对方解释一下，这是孩子的天性，并且告诉对方，如果他不方便可以告诉孩子现在没有空回答这些问题；但是如果可以，请对方尽量满足一下孩子的好奇心。

如果我们不断告诉孩子，总是提问会惹人厌烦，那么孩子可能会认为，在课堂上提问太多老师会烦，在家里提问太多爸爸妈妈会烦。长此以往，孩子的好奇心就被不知不觉压制了。

鼓励孩子向相关人士寻求答案

孩子看到某件事情产生好奇的时候，会习惯性询问妈妈，但妈妈不是全能的，很多问题我们也不知道答案。这种情况下，我们可以鼓励孩子向相关人士寻求答案。

一天早上，我带乐乐去小区门口的一家饭店吃早餐。乐乐问我："妈妈，老板为什么要开这家店呀？"

我觉得这是一个特别好的问题，但我不是老板，不能给乐乐答案，于是我鼓励他去问老板。老板笑呵呵地对乐乐说："因为你们要吃早餐呀！"乐乐听后特别开心。

送乐乐上学的路上，乐乐看到一位工人仰头看着一棵大大的棕榈树，手里还拿着一根长长的杆，乐乐好奇地问我："妈妈，那位叔叔在干什么呀？"我鼓励他去问那位工人叔叔。叔叔回答："我在锯叶子呢。"乐乐继续问："为什么要锯叶子呀？"叔叔耐心地回答他："因为叶子黄了，枯萎了，新陈代谢，所以我要锯下来。"

通过鼓励孩子不断向相关人士寻求答案，孩子的眼界不断开阔，社交能力也得到了不断提升。他慢慢地意识到，有了问题可以向他人寻求帮助。

启发孩子思考

提问也是一门学问。很多成人，因为没有问对问题，所以总是找不到问题的核心。现在国际上顶尖的教练技术，考验的就是发问的能力，好的教练往往几个问题就能帮助他人快速找到问题的核心。

如果我们希望孩子能够具备提出高质量问题的能力，首先我们就要尝试去做孩子的教练，多用一些启发式的问题去启发孩子从不同的维度思考。

一天早晨，在我送乐乐去幼儿园的路上，听到小区里一位开SUV的女士扯着嗓门在冲一位保安大喊："我们花钱请你们保安，是让你们为我们服务的，而不是让你们用这样的态度对我们说话的。"那位女士一边喊一边用手指着那位一声不吭的保安。我不知道之前发生了什么，所以不能用对错去评判这位女士的行为。

于是，我问乐乐："乐乐，你觉得那位阿姨用这样的方式跟保安叔叔说话，保安叔叔会听吗？"

乐乐："不会听，因为他会很生气。"

我继续问乐乐："那你觉得，那位阿姨用怎样的方式跟保安叔叔说话，保安叔叔才会听呢？"

乐乐:"她要轻轻地说,温柔地说。"

我们可以有意识地向孩子提出一些高质量的问题,久而久之,孩子就具备了提出高质量问题的能力。

一天上学路上,我提醒乐乐:"昨天小区里面打农药了,今天我们不要去碰那些树叶、花朵哦。"乐乐第一反应就是:"妈妈,为什么要打农药?"当我回答之后,乐乐又提出了第二个问题:"妈妈,打农药的叔叔是用什么方式打农药的呢?"紧接着他又提出了第三个问题:"农药是怎么喷到树上去的呢?"

后面的两个问题,让我特别欣喜。因为之前乐乐提问的角度更多的是在"为什么"的层面,而现在他会好奇"怎么做",这就是孩子思维的进步,他思考得更加深入了。

我们可以做孩子的教练,多用启发式的问题去启发孩子思考,让孩子成为一个具备独立思考能力的人。

六、玩中学与问中学

向孩子解释信用机制

我们家乐乐是一个自行车迷,当共享单车风靡大街小巷的时候,他的兴趣点就慢慢从自己的自行车转向了共享单车。摩拜、小黄车、酷奇……如数家珍。

虽然不是很安全,但是偶尔为了满足他的小小愿望,也会骑着摩拜带着他在家附近溜达一下。

有一天乐乐要坐摩拜。我看了一下小区门口,没有摩拜。

乐乐建议:"妈妈,我们骑其他自行车呗。"

我:"其他自行车妈妈还得再交押金。我们看看有没有小黄车吧,小黄车妈妈可以不用交押金。"

乐乐:"为什么小黄车不用交押金呀?"

六、玩中学与问中学

我:"因为妈妈的支付宝账户有很高的信用,所以骑小黄车可以免除押金。"

我想,这正好是一个给他讲解什么是"信用"的机会,于是就跟乐乐讲了"信用"是什么意思。

我:"平时妈妈跟你说过,说话要算话,不能撒谎,这就是讲信用、讲诚信。信用是我们很重要的资产。"

乐乐:"今天弟弟(表弟)就撒谎了,他弄倒了一个东西,说是我弄的。"

我:"嗯,听起来像是撒谎了,但我猜弟弟还比较小,他可能不知道那样做是撒谎,也可能只是不想被批评,就像平时你想吃一个东西,但是你会对妈妈说:'妈妈,我只是打开,我不想吃。'妈妈不会因此说你撒谎,因为妈妈知道你怕说出来妈妈不答应。不过,乐乐慢慢大了,就要尽可能做到心里想的和说的话一致,好吗?"

乐乐:"好。"

我:"有些人不讲信用,比如之前很多人把摩拜骑到家里,当作自己的自行车,别人骑不了,这就是不讲信用。摩拜公司的人通过他们的系统发现后,就会取消这些人骑摩拜的资格,这就是对不讲信用的人做出的惩罚。"

我:"讲信用才能赢得别人的尊重。支付宝愿意给信用高的人福利,让他们不用交押金就可以骑车,这也是对信用高的人的一种奖励。不讲信用就会受到惩罚,不讲信用的人在遇到困难的时候,就没人愿意向他提供帮助。"

乐乐:"摩拜怎么知道哪些人把自行车放家里了呀?"

我:"因为他们每辆车都有定位的装置啊,只要妈妈用手机App扫了二维码,摩拜公司的系统上就能看到妈妈骑的车到哪里了。"

乐乐:"妈妈,摩拜好厉害!"

很多时候,我们跟孩子讲要守信用,要实话实说不能撒谎,孩子并不一定能够理解,更不会知道,不讲信用会对自己有什么影响。

如果我们结合孩子经历的一些事情,去跟孩子讲解一些问题,孩子可能很容易就明白。

第四章 深度陪伴，培养能玩会学的孩子

地铁与共享单车引发的疑问

一个周末的早上，我带乐乐坐地铁。

乐乐看到地铁口停了好多共享单车，几乎把空地都占满了。乐乐惊呼："哇，妈妈，好多自行车呀。"

我想起距家两站的地铁站，在同样的时间，却几乎看不到一辆共享单车。

于是，我决定临时改变计划，带乐乐做一个有趣的观察和思考。

我跟乐乐说："妈妈带你去另外一个地铁站，看看那里的自行车是不是很多，好不好？"

乐乐一口应承："好！"

到了另外一个地铁站，乐乐一看，只有零零散散几辆自行车。

问题来了，这是为什么呢？

我跟乐乐在附近找了一个麦当劳，坐下来，画草图一起分析原因。

第一个地铁站附近住的人比较多，所以大家早上都会骑着自行车去地铁站赶地铁上班，然后把自行车停到地铁口，因此那里就会有很多自行车。第二个地铁站附近公司比较多，大家早上都会从地铁站骑自行车去公司上班，所以会把地铁口的自行车都骑走，因此那里的自行车就很少。

乐乐觉得这样画草图好玩，马上模仿我的样子，又分析了一遍。

内敛型的孩子喜欢观察和思考，家长们结合生活中的一些事情对孩子因势利导，不失为一种很好的启蒙方法。

有一天，乐乐又问了一个关于摩拜和小黄车的问题。

乐乐问："妈妈，为什么到处都是小黄车呀？"

一开始，深圳的摩拜很多，慢慢地，小黄车的数量赶超了摩拜，到处都可以看见小黄车。没想到，乐乐也注意到了这个现象。

我先客气地反问乐乐："你觉得呢？"

乐乐自然想不出来。我继续问乐乐："你觉得500元比较多，还是2000元比较多？"

乐乐："2000元比较多。"

我："小黄车的平均价格比摩拜便宜。假设小黄车每辆是500元，摩拜每辆是2000元。那2000元就只能生产一辆摩拜，但可以生产四辆小黄车。所以，同样的钱能生产的小黄车就比摩拜多，妈妈猜测是这个原因使小黄车的数量猛增。"

然后，我蹲在地上，捡了五根树枝，跟他演示这个概念。当然，现在小黄车也出了很多高端共享单车，成本未必比摩拜低。举这个例子，只是想让大家知道，生活中随时随地都可以让孩子在玩中学。

关于金钱的概念，关于数字的概念，其实生活中每天都有大量的机会去跟孩子进行演示，帮助孩子理解，从而让孩子在愉快的氛围中学到知识。

我看过一些抨击快乐教育的文章，这些文章说快乐教育等于不教孩子东西，让孩子不学习。我认为，这是一种偏见。

快乐教育意味着，我们得想方设法地让孩子在不知不觉中学到知识，也意味着我们要花费更多心思想出各种寓教于乐的教育方法。

快乐教育不等于让孩子不学习，而是让孩子在快乐的气氛中学习，孩子可以一边打玩儿一边学习，也可以一边发呆一边学习，还可以一边玩游戏一边学习，最常见的是一边提问一边学习。

玩中学是一种能力，"问"中学是一种更重要的能力。

第四章 深度陪伴，培养能玩会学的孩子

七、仪式感，让孩子成为"有情"的人

小时候过生日，我特别渴望有一个生日蛋糕，可是我那特别讲究实用主义的老妈就会对我说："蛋糕有什么好吃的？妈妈给你做一大桌饭菜，再给你煮两个鸡蛋，给你好好庆祝一下。"

可是，童年的我就想要生日蛋糕，那时的我觉得如果生日没有蛋糕，那一群人围在一起庆祝生日和一群人围在一起开会有什么区别？

通常早饭过后，我妈妈就会把两个煮鸡蛋塞到我的口袋里，然后我就这样在兜里揣一天，晚上再还给我妈妈。

这就是我妈妈的逻辑，她说得很有道理，过生日吃蛋糕确实不如一桌美味的饭菜来得划算，可问题是：我就是想要生日蛋糕的仪式。

没想到，我长大以后也在不知不觉中成了我老妈这样的人，如今我买任何东西都会先思考三个问题："这个有用吗？""这个实用吗？""这个划算吗？"

刚认识乐爸的第一年圣诞节，乐爸送给我一份礼物，是一个包装精美的盒子。我打开之后，里面躺着一个约30厘米的圣诞老人，圣诞老人旁边散落着很

多糖果。

我收到礼物之后说了三句话：

"这个多少钱？"

"圣诞老人腿上居然还有弹簧，这是什么东西呀？"

"你花了那么多钱，绝对被坑了，这个不值那么多钱好吗？"

乐爸很气愤地对我说："你要觉得不好，那我以后不送你礼物了。"

现在我特别能理解乐爸当时的心情，他肯定这样想：我很用心替你挑选了礼物，你没有看到我的用心，却反而批评我不会买东西，还不如不买呢！

可我当时不能理解他的心情，反而认为他连这点批评都不能接受，如今想来自己有些不通情理。

听过这样一句话：家不是讲理的地方，是讲情的地方。所谓"通情达理"，情不通，理不到。

你可能和曾经的我一样存在这样一个误区：在家里常讲理，对孩子讲理，对爱人讲理；在家里喜欢争对错，无论大事小事，非要争个高下对错。殊不知，家庭没有对错，我们只需要追求怎么让我们的家更温馨、更幸福就好。要是总在家里讲理、争对错，再多的"情"也会没了。

"情"是什么呢？

"情"就是这件事儿不一定特别有道理，但是会让我们的生活过得更加舒心，让我们觉得充满乐趣，特别温暖；"情"就是这个物品不一定实用，但是里面有爱我们的人的"用心"，有我们对我们爱的人的"用心"；"情"就是这个人不一定特别优秀，但是会让你觉得特别贴心，特别愿意和他相处。

我们会发现，生活中那些让我们觉得特别有"情"的人，她们特别擅长营造仪式感；生活中那些让我们觉得特别有"情"的事儿，也都充满了仪式感。

而这些充满仪式感的事儿和擅长营造仪式感的人，都会在我们的记忆中占有非常重要的位置。

第四章　深度陪伴，培养能玩会学的孩子

生日和节日是仪式感的产物

过节和不过节对我们的生活会有什么实质性的区别吗？很多人的答案可能会是：没有！

如果你不庆祝中秋节、圣诞节、春节等节日，你的生活也不会失去金钱、房子等；你庆祝了，你也不会得到更多的财富。再如生日，过生日和不过生日也不会有什么区别。但是，这些节日和生日是让我们和家人、朋友沟通与交流的机会。在生活节奏很快的今天，家人和朋友难得聚在一起畅谈，而在节日和生日这些特殊的日子，大家才有理由、有时间聚在一起。因此，节日或生日就显得尤其重要。

你身边可能会有这样的人：

生日有什么好庆祝的？不就是一起吃个蛋糕，吃个饭嘛！蛋糕随时都可以吃呀，聚餐也随时都可以聚呀。

这个中秋节有什么好庆祝的？不就是吃个月饼嘛！月饼又甜又腻，吃了还容易三高，没什么好吃的。

如果刚好这个人就是你老公，而你的原生家庭又是特别注重这些仪式感的人，可能你会特别不能理解。

其实，在节日的时候认真庆祝一番，不仅可以提升生活品质，还可以增进家庭成员间的感情。当然，除了节日、生日等特殊的日子需要一些仪式感之外，生活中还有许多事情也需要一些仪式感。要知道，在充满仪式感的家庭中长大的孩子，会有礼貌、懂礼仪。

比如，我们去现场看演出，有的人会说，花那么多钱去现场还不一定能买到前面的位置，在后面看还得拿着望远镜，还不如守在电视机前看直播！可这就是仪式感，在现场和几万人一起拿着荧光棒为自己喜欢的艺人加油，和自己一个人对着电视屏幕呐喊，这感受能一样吗？

再比如，我们去参加主题派对，大家穿同一个颜色的服装，或者佩戴同一物品才能入场。有人会说，参加party该玩就玩，搞那么多没意思的环节干什么？可这也是仪式感啊，如果主题派对没了这些要求，还怎么彰显主题呢？

我们可以把生活中的小事体现出仪式感，这会使生活变得更有品质。举几个简单的例子进行说明。

① 早上出门的时候化一个淡妆，让自己看起来精神饱满；

② 晚上回到家的时候，给家人一个微笑；

③ 把孩子送到幼儿园，在离开之前给孩子一个大大的拥抱；

④ 在鲜花盛开的季节，买一束美丽的花摆在桌前；

⑤ 结婚纪念日时，与爱人吃一顿烛光晚餐；

⑥ 每天记录一个触动自己的瞬间；

⑦ 每天拍一张很美的照片。

人的大脑只能记住那些让我们觉得温暖的人和那些有意义的事儿，所以要想让别人记住自己，仪式感就显得尤为必要。因此，不论是实用的还是有情的，都很重要。实用的会让我们做的事情有结果、有意义；而有情的，则会让我们做的事情温暖人心。

如果我老妈能在我生日时给我买生日蛋糕，我相信我的童年会有更多美好的回忆；如果我刚认识乐爸的时候，能够去享受他"笨拙"的仪式感而不是去习惯性地批评，那么我们一起的时光又会增加很多美好温馨的回忆。

还好，什么时候改变都不晚。

第五章
孩子高情商源于深度陪伴

一、处理好孩子的负面情绪

二、当好"第二只小鸡",缓解孩子焦虑

三、同理心让孩子更受欢迎

四、培养孩子的社交商

五、提升孩子胆量的五步法

六、有力量和智慧,才能对校园霸凌说"NO"

第五章　孩子高情商源于深度陪伴

很多人智商很高，在学术方面很有造诣，在某个领域也特别专业，可是在职场上却并不得意，其原因就在于情商的欠缺。

我们都希望自己的孩子成为受欢迎的孩子，而不是被同龄人边缘化的孩子，这就需要我们重视对孩子情商的培养。

情商涵盖面很广，在本章节中，我们会重点探讨四种能力：第一，孩子处理自己负面情绪的能力；第二，社交中的人缘；第三，向外探索世界的胆量；第四，保护自己不受他人欺负的能力。这四种能力都和父母深度陪伴孩子过程中的引导息息相关。

一、处理好孩子的负面情绪

每个人都会有负面情绪,孩子的负面情绪表现会更加明显,这是因为孩子年龄小,还不能很好地控制自己的情绪。因此,孩子伤心、生气、愤怒等情绪出现时都会表现出来,他们不会苦苦压抑自己,也不会精心伪装自己,更不会去顾及自己的面子。

可是当孩子负面情绪出现的时候,我们应该怎样对待孩子呢?比如,孩子伤心地哭了,这时我们应该怎么办呢?

"哭什么哭,你还哭!""不准哭,再哭妈妈就走了。""有什么好哭的,不就是一个玩具吗?""乖乖,别哭了,你哭得妈妈心都碎了。""男子汉,流血不流泪,给我把眼泪擦干。""真没出息,这点小事就哭了,那你以后遇到更困难的事情,你怎么办?"……

不论你用哪种方式去和孩子对话,孩子心里可能都会想:"我想哭还不行吗?我就是伤心,我就是难过,我就是想哭。"

绝大多数妈妈都会认为负面情绪就是糟糕的、不好的、不能出现的,一旦出现就要赶紧"消灭"。其实,情绪是我们真实的感受,是本能的反应,当我

第五章 孩子高情商源于深度陪伴

们无法正视孩子的负面情绪的时候，往往是我们自己的情绪管理能力不够。

接纳孩子的情绪

我是母乳喂养的推崇者，本打算坚持母乳喂养乐乐到两岁，但是在他一岁零七个月的时候，由于要出差一周，只好提前给他断奶。

那次断奶对我和乐乐来说都是一个极大的考验。

我在网上搜集了大量的"断奶攻略"，并提前告知乐乐让他做好思想准备，还给他讲"奶精灵"的故事，甚至自己动手给他做了一小册原创的"奶精灵"的故事绘本。这一系列准备取得了一些效果，白天断奶似乎很顺利。

可是当我启动夜晚断奶模式的时候，就陷入了困境。乐乐刚哭的时候，我还能够平和地陪伴他，可是当他哭了半个小时以上，我就开始焦虑。我试图让他停止哭泣，可我越是安抚，乐乐越是哭得厉害。第一天正式断夜奶，由于乐乐的连续哭闹，让全家人都陷入了焦虑之中，最后以失败告终。

第二天我实在受不了乐乐的哭闹，只好把他交给爷爷奶奶照顾。当我在隔壁房间清楚地听到乐乐在喊"妈妈，妈妈"时，我感到心如刀割。我那时还不具备很好的管理自己情绪的能力，无法正视孩子的情绪，因此采取了逃避的策略。断奶期间，我请了整整一周的假，从早上乐乐睁眼到晚上乐乐睡觉前一直陪伴他，给他更多的爱和安全感，这在一定程度上修复了逃避式断奶对情感联结的破坏。

有一个妈妈跟我说，她们家八岁的孩子对输赢看得很重，做任何事都不能输，只要输了就会大发脾气。输了比赛，他甚至会情绪失控地攻击对方。刚开始大家还会安抚一下，时间久了也就失去了耐心，在孩子发脾气的时候，就会对孩子说教："输了就输了啊，输很正常啊，有什么好发脾气的呀。"孩子听到这样的话，就会更加生气。

后来和这位妈妈深入沟通我才发现，原来在孩子小的时候，孩子玩游戏输了会发脾气，妈妈则一般会严肃地对孩子进行说教："你怎么这么小气呀，输了可以重来呀，游戏又不是只有一次，玩游戏玩得那么不快乐，那玩游戏还有什么意义呀。"

玩游戏时，这位妈妈经常不顾及孩子的情绪，比如，玩纸牌游戏，这位妈妈发现孩子因为输了一次就大发脾气的时候，要么会拒绝跟孩子继续玩，要么就故意在游戏中让孩子更有挫败感。

就这样，孩子从小因为输了游戏而产生的情绪，一直没有被接纳过，也没有找到合适的宣泄方式。随着孩子慢慢长大，他就会通过越来越激烈的行为来表达因为输而产生的情绪。

所以，接纳孩子的不良情绪是非常重要的。

不论忧伤还是愤怒，这些情绪都是孩子的情感体验，只有接纳这些情绪，才能引导孩子正确地管理自己的情绪。

帮助孩子释放情绪

有一次乐乐在楼下玩乐区排队荡秋千，好不容易轮到他了，可是，他刚上去又下来了。我疑惑地问他："为什么不荡了？"他说："让其他人先玩，这样其他人走后，我就可以尽情地玩了。"

谁知他刚下来，马上又来了五个小朋友。我一看表，该回家洗澡睡觉了。于是，我跟乐乐说："现在再排队要等很久，我们该回家了。"

乐乐一听就开始哭起来，大喊着："我不要回去，我就要荡秋千。"

没办法，我尝试接纳他的情绪。

"我知道你很喜欢秋千，想继续玩秋千，但是现在玩不了了，你很难过。"我一边轻轻拭去乐乐脸颊的泪水，一边安抚道，"我知道你现在可能有些后悔，因为你做出了一个错误的选择，可是现在没有办法挽回了，你必须承受这个结果。乐乐，后悔无济于事，要试着接受！"

在我尝试对乐乐说明不能荡秋千的原因时，他一直哭喊："我就要荡秋千嘛，我要荡一百个秋千。"

第五章 孩子高情商源于深度陪伴

乐乐这个时候情绪很激动，不让我抱，他可能真的不愿承受这样的结果。我带他来到我们经常跑步的一棵大树下，想让他通过跑步释放情绪。我牵着他的手慢跑，他一边跟着我快走，一边哭着说："我就要荡秋千嘛，我要荡一百个秋千。"

我指着头顶上的榕树说："好呀，你看这棵榕树上垂下来的树枝是不是像秋千啊，我们就这样给榕树挂上一百个秋千好不好。"

乐乐说："我要一千个秋千。"

我说："那我们挂一万个秋千吧。可如果我们挂一万个秋千，树爷爷可能都要被压得驼背了。"

乐乐一听破涕为笑："树爷爷才不会驼背呢。"

可是，乐乐很快又陷入难过的情绪里，继续哭起来。

我牵着他回到了家里，爷爷奶奶一看我们回来了，就喊："乐乐，洗澡啦。"乐乐趁机大发脾气："哼，我不要洗澡……"

爷爷奶奶对望了一眼，愣在了当场。我连忙向爷爷奶奶解释了刚才发生的事情，然后示意他们不用管，我来处理。回到了相对安全的环境，我把站立的乐乐抱在胸前，继续安抚他。

乐乐终于忍不住大哭起来，我靠在沙发上，让乐乐趴在我肩膀上痛快地大哭。

哭着哭着，乐乐用手往脸上抹了一下，然后抹到了我眼睛上。我以为是他的眼泪，但又感觉黏糊糊的，据我对他的了解，觉得一定是他的鼻涕。不过我故意说："你好伤心哦，这么多眼泪，把眼泪都弄到妈妈眼睛上了。"

乐乐答："不是眼泪，是鼻涕。"

我装作很惊讶："你居然把鼻涕擦到了妈妈眼睛上，难怪妈妈觉得黏糊糊的呢。"

乐乐立马幸灾乐祸地笑了。看到他开始笑，我就知道他的情绪已经得到了释放。于是，我用《懒惰虫》这首歌的曲子编了一首歌："你是鼻涕虫，你是鼻涕虫，你是一只鼻涕虫，好多臭鼻涕，好多臭鼻涕，弄到妈妈眼睛上……"

乐乐听后笑得更开心了。

一、处理好孩子的负面情绪

他还要把鼻涕继续往我脸上抹,我装作很害怕被弄到的样子,躲来躲去。于是,他就在客厅里追着我跑,还一直咯咯笑,最后我假装被他追到了,被他抹了一脸鼻涕。他很得意,我装作好挫败。这个时候乐乐的情绪已经释放得差不多了,没一会儿就又活蹦乱跳了。

试想一下,如果我不是费尽心思地去接纳乐乐的情绪,引导他释放出来,而是简单粗暴地责备:"是你自己选择不要坐秋千的,现在那么多小朋友排队,我们没那么多时间等了,怪谁?还不是怪你自己!"孩子的心里本就委屈,妈妈的责备会让他更加难过,如此多的不良情绪积压在心里,孩子该怎么承受?

如果我们一看到孩子闹情绪就指责、抱怨孩子,对孩子进行说教,这时的孩子眼里的父母可能就是烦躁、愤怒、不理解自己的,那这样非但不会使孩子的负面情绪消失,反而会使孩子更加压抑。

因此,当我们保持冷静不说教、不指责孩子的时候,就迈出了帮助他正确释放情绪的第一步。

引导孩子说出内心的感受,是帮孩子释放不良情绪的第二步。

孩子小的时候对情绪的分辨能力比较差,只知道开心和不开心。慢慢地,他会知道愤怒、委屈、伤心、思念等不同的情绪,而这个过程需要父母不断地进行引导。

如果孩子具备了分辨情绪的能力,妈妈就可以试着探究诱发孩子情绪的原因,并引导孩子说出自己内心的感受。我们可以试着和孩子交流,比如,"妈妈看到你不开心,我猜可能有些事情让你很生气,你愿意告诉妈妈吗?""妈妈看到你很生气,如果你能告诉妈妈为什么生气,也许妈妈可以帮到你呢。"这个时候,孩子就会感觉你能理解他此时此刻的感受。

如果孩子愿意向你敞开心扉,不要中途打断孩子,更不要还没听完孩子说话就对其进行说教。

父母在听孩子说话的时候,可以简单回应"哦""嗯""我知道了",带着真正关切的心去引导孩子说出自己的想法和感受。耐心地听孩子讲完心事,你会发现孩子的情绪已渐渐平静下来。

第三步，帮助孩子释放负面情绪。哭泣本身就是一种很好的情绪释放方式，所以当孩子哭泣的时候，我们要是能够接纳和陪伴孩子，就是在帮助孩子释放他的负面情绪。就像我前面提到的乐乐因为不能游泳而大哭的那件事情，当他的情绪得到足够的释放，自然就会平复下来。

妈妈们应该都有过这样的经历，不开心的时候，我们就会约一帮闺蜜，在一起说说开心的事情。其实，孩子也一样。当孩子经历过一番负面情绪之后，我们可以带孩子一起玩，让孩子开怀大笑，这也是帮助孩子释放负面情绪的一种方法。

父母们应该创造条件让孩子在成长过程中会体验各种情绪，因为只有体验了各种情绪，才会懂得如何管理自己的情绪。

二、当好"第二只小鸡",缓解孩子焦虑

人的一生都会经历无数的焦虑,成人如是,孩子亦如是。

比如,当孩子总是尿湿床单,他的内心可能会因为大人不经意间流露出的责备语气而产生焦虑;当孩子不敢从花台上往下跳,他的内心可能会因为害怕而产生焦虑;当孩子不敢用眼睛看来到家里的客人,他的内心可能会因为被催促要打招呼而产生焦虑;当孩子出门前穿不好鞋子,他的内心可能会因为被催促穿鞋而产生焦虑……

劳伦斯·科恩曾提到过他在八年级的时候做过的一个实验。

> 首先,在小鸡们出生几天之后,我把它们一只一只地轻轻捧起,死死地盯着它们的眼睛,就像老鹰盯上猎物的样子。等我把它放下时,小鸡吓得僵在地上开始装死。大约一分钟后,它蹦起来,又开始四处走动。
>
> 其次,我同时吓唬两只小鸡,结果它们一起装死,大约持续了五分钟左右。也就是说,它们一起装死的时间,比一只小鸡装死的时间

第五章　孩子高情商源于深度陪伴

要长得多。

最后，我在吓唬一只小鸡的同时，让另外一只小鸡在旁边闲逛，结果被吓的这只小鸡仅仅在地上躺了几秒钟就蹦了起来。

通过这个实验，劳伦斯发现：受惊的小鸡会观察第二只小鸡在干什么，以此来判断所处环境是否安全。

如果第二只小鸡在欢快地四处溜达，那么第一只小鸡就像接收到了安全信号；如果第二只小鸡也在装死，那么第一只小鸡可能就会想：虽然我自己没看见老鹰，但是第二只小鸡肯定看见了，所以它不起来，那么我最好也老实地躺着别动。

假设孩子是那只被吓唬的小鸡，那么距离孩子最近的"第二只小鸡"就是我们——孩子的妈妈。

因此，在孩子焦虑的时候，妈妈的状态会直接影响到孩子的焦虑程度。

我曾经和一位妈妈聊天的时候，听这位妈妈说起，自己的儿子特别怕打雷，她希望自己的儿子可以勇敢一些。于是我问这位妈妈："打雷的时候，你一般是什么反应？"这位妈妈告诉我："我很怕打雷，每次打雷的时候，都会尖叫，然后钻进被窝。"

其实，我也是一个很怕打雷的人，但有了乐乐之后，每次打雷我都要强装镇定。乐乐第一次被打雷吓到的时候，我很轻描淡写地告诉他："打雷的时候，只要我们把窗户关好，把手机、电脑、电视等都关闭，就很安全。如果你觉得害怕，可以到妈妈怀里来。"几次之后，乐乐对打雷的害怕程度减轻了很多。

有些妈妈可能会害怕毛毛虫，但如果希望孩子能够对这些小虫子持有好奇的态度，那每次看到毛毛虫的时候，就要镇定，甚至还要故意用一根小树枝去逗一逗毛毛虫。虽然，我们的心里紧张，但仍要微笑着对孩子说："宝宝，你看这只毛毛虫，像不像好饿好饿的毛毛虫啊，我们一起来给它喂吃的吧。"

为了给孩子营造一个安全的环境，让孩子可以带着放松的心态，勇敢地去探索这个世界，妈妈们就需要当好"第二只小鸡"的角色。在孩子害怕的时

二、当好"第二只小鸡",缓解孩子焦虑

候,淡定自若地告诉孩子:"这很安全(这可能就是'女本柔弱,为母则刚'吧)。"

就像《儿童健康讲记》的作者李辛老师说的那样——孩子的精神状态和节律,是与爸爸妈妈的精神状态和节律,乃至整个生活环境的状态和节律同步的。

有一天晚上,我想早点哄乐乐睡觉,然后做自己的事情。可是在床上躺了半个小时,乐乐还在说话。我干脆侧过身,偷偷在被窝里看手机。谁知道,乐乐这个小侦探居然发现了,他睁着大眼睛说:"妈妈,你在看手机吗?"我只好放下手机,接受了那天晚上没有办法做自己事情的现实,心想:还是安心地陪孩子睡觉吧。神奇的是,两分钟内乐乐就睡着了。

乐乐刚上幼儿园的那段时间,经常生病,我总是为此焦躁。看着温度计上不断上升的数字,看着乐乐憔悴的小脸,我恨不得生病的是我自己。这个时候,只要家里谁跟我的护理意见不一致,我就会忍不住大发脾气,然后不自觉地大声呵斥别人。乐乐本就因为生病有些烦躁,又受我焦虑的情绪影响,于是变得更加闹腾。

后来,我学习了一些中医知识,懂得给乐乐做一些基础的健康调理,于是乐乐生病时自己淡定了许多。我以前总觉得孩子生病时就要没日没夜地守着他,后来发现,带着焦虑的情绪时刻守护对孩子恢复健康并没有什么意义。隔一段时间量量孩子的体温,在他呼唤"妈妈"时应一声,在他口渴时给他一杯水,就可以了。

所以,在孩子焦虑的时候,妈妈唯一需要做的就是当好"第二只小鸡",让孩子的状态尽快和自己的状态同步,自己也就没那么累了。

当然,有些孩子是属于高度敏感的孩子,一旦焦虑起来,即使旁边有只很悠闲的"第二只小鸡",仍然不能很快地平静下来。这个时候我们可以和孩子玩一些游戏,通过游戏来释放孩子的焦虑情绪。

有一年,我带乐乐回老家,逛街的时候赶上了小店开业放鞭炮,因为距离比较近,乐乐受到了惊吓。为了释放他的焦虑,他在很长一段时间都会和我玩"放鞭炮吓到了妈妈"的游戏。他假装拿着一串鞭炮靠近我,然后会要求我装作被吓到了,而且被吓得很厉害(我猜这就是他真实的内心反应)。我吓得越

厉害,他笑得越厉害。如果我演得不够真实,乐乐还会纠正:"妈妈,你要假装真的被吓到了。"

当孩子焦虑的时候,我们不需要试图劝说孩子"不要焦虑",只需要当好"第二只小鸡",再以游戏的方式辅助,孩子的焦虑情绪自然就能得到缓解。

三、同理心让孩子更受欢迎

每个人的童年记忆中，总会有一些喜欢恶作剧的同学。

我到现在还记得上幼儿园的时候，班上有一个比其他孩子高很多的小孩。他喜欢抢走其他小朋友的铅笔放在自己的书包里，看其他小朋友在一旁哭泣。

小学二年级的时候，我的同桌很喜欢搞恶作剧，她总在我的衣服上用圆珠笔画上各种印迹，害我回家被老妈骂。

小学四年级的时候，有一次全校打扫卫生，当时我们班负责教室外面的区域。有一个同学不知道从哪里挖来一条大蚯蚓放在我的文具盒里，当我上课打开文具盒的时候，这条蚯蚓出现在我面前，吓得我哭了大半天。

很多人在成长过程中可能跟我一样都遇到过喜欢搞恶作剧的同学，这样的同学做事情很少顾及别人的感受，因此很容易被同学们孤立。如果他们的父母没有及时察觉，并对其进行正确的引导，孩子就会被同学们孤立得越来越厉害。越是被人孤立越会用恶作剧来表现自己的存在感，长此以往就会形成恶性循环。

我们都希望自己的孩子受人欢迎，都希望自己的孩子具有同理心，那么我

第五章　孩子高情商源于深度陪伴

们应该如何去培养孩子的同理心呢？

留意孩子发生的事情

我们要弄清楚孩子的社交世界，了解孩子在学校每天发生了什么事情。

乐乐放学后，有时候我会问他："今天你们玩什么游戏了吗？""谁和你一组呀？""你和他一起做什么了呀？"

通过类似这样的问题，可以帮助孩子梳理幼儿园发生的事情。因为梳理的过程也就是思考的过程。

在和乐乐沟通的过程中，我会了解到，有的小朋友喜欢推别人，有的小朋友喜欢发脾气，乐乐不想和这样的小朋友一起玩。我听后会进一步启发他："如果他推你，你是什么感受？""如果他对你发脾气，你是什么感受？"

通过这样的方式，会让孩子了解到一个人的行为会对他人造成影响，也会让孩子明白人际关系是需要维护的。

提醒孩子理解别人的感受

让孩子去思考他人的需要。

我和乐乐在外面玩，如果碰到其他小朋友大哭，我一般都会问乐乐："你觉得是什么原因让那个小朋友大哭呀？"

刚开始，乐乐的思维会比较局限，他会说："她想她的爷爷了。""她饿了。"

慢慢地，他有了更多的想法，他会说："她的妈妈说她了。""她有情绪。"

不论孩子如何回答，我们都要确保先不讲话，让孩子把话说完，然后再和孩子一起讨论。孩子需要感受到他的观点是受到重视的，即使我们和他的想法不一样。

在和孩子讨论的时候,我们还可以和孩子进行深入讨论:"我们可以做些什么,让那个小朋友开心一些呢?""你觉得她的爸爸妈妈可以做些什么,让那个小朋友开心一些呢?"

通过这样的方式,慢慢让孩子知道如何正确地去回应别人的感受。

帮助孩子丰富情绪词汇量

其实,很多妈妈自己的情绪词库都很匮乏,我们习惯了用发脾气、生闷气、逛街购物、暴饮暴食等方式来表达自己的情绪,而不是用语言来表达自己的情绪。

即使用语言表达,也只是用伤心、难过、生气、愤怒、开心等词语。后来学习了情绪词语之后,我才发现,居然有五百多个词语可以表达情绪。比如,生气、高兴、快乐、难过、愤怒、困惑、沮丧、满意、关爱、亲切、有压力、无聊、喜悦、体贴、震惊、梦幻、内疚、害怕、不舒服、糊涂、兴奋、尴尬、害羞、惊讶、急躁、孤独、焦虑、不满、勇敢、忌妒、疲倦、骄傲、担忧……

当我们用诚实的、开放的心态清晰地向孩子表达我们的情绪时,孩子就会通过观察和模仿,从我们的身上学会这些情绪词语的表达。

有天晚饭后散步,我和乐乐玩"妈妈宝贝"的游戏,他当妈妈,我当宝宝。

我:"妈妈,我今天好不开心呀!"

乐乐:"你为什么不开心呀?"

我:"今天我事情太多了,好有压力。"

乐乐就会对我说:"那我抱抱你。"

如果平时乐乐做了一些让我特别生气的事情的时候,我会对他说:"妈妈很爱你,但你这样做妈妈真的很生气,因为……"

和孩子相处就不用担心和害怕告诉孩子你真实的情绪,因为做一个能真实表达自己情绪的妈妈，才是培养孩子觉察自己情绪的基础。

帮助孩子了解肢体语言和面部表情

我的一个朋友每次演讲的时候，眉毛就会一翘一翘的，显得特别生动。他的演讲总会引起大家的强烈反响，可能大家都喜欢肢体语言和面部表情特别丰富的人。

我们普通人也会有一些共性的肢体语言和面部表情，比如，哭泣的时候，嘴角会不自觉地往下；愤怒或者生气的时候，声音会一下子变得很大；吃惊的时候，嘴巴会张得很大；吵架的时候，会面红耳赤……

有一段时间，乐乐特别喜欢和我一起玩表情和动作游戏。玩游戏的时候，要么是他说一个词语，我来表演；要么是我说一个词语，他来表演。

其中玩的频率最高的就是有关情绪词语的表演，比如，伤心、哭泣、大笑、微笑、生气、愤怒等。每次乐乐都玩得特别开心，这种游戏让他轻而易举就学会了识别肢体语言和面部表情所代表的感受。

引导孩子用同理心来回应他人

很多成人习惯通过问"为什么"来表达自己关心和支持对方。

比如，老公闷闷不乐，我们习惯用"你为什么不说话呀"来表达我们的关心，但这个时候，正确的方式是"先理解"而不是"探究原因"。比如，"我看到你有些闷闷不乐，你想和我聊一聊吗？"或者"我看到你有些闷闷不乐，如果你可以告诉我发生了什么事情，我或许可以帮助你"。

小孩子很多时候还没有能力通过语言向其他小朋友表达关心。但是，只要他能够通过拥抱去表达他理解这个小朋友的感受，并且能够陪伴他，这就足够了。

三、同理心让孩子更受欢迎

有一次乐乐和他的同学小B一起玩，小B打了乐乐，于是小B被自己的妈妈批评了一顿，小B很是委屈。

我问乐乐："你看小B有些不开心，你觉得你可以做些什么让他感觉好一些呢？"

乐乐马上跑过去抱了抱小B。当小B感觉好一些的时候，我又引导小B也关注一下乐乐的感受。

我们可以用这样的方法在日常生活中慢慢引导孩子具备同理心，但是一定不能忽略最重要的前提——父母要先尊重孩子的感受，孩子才会具有同理心。

一个有同理心的孩子，他一定知道自己的感受被接纳是怎样的感觉，所以他也愿意用这样的方式去对待周围的人；一个有同理心的孩子，他不会在学校里故意孤立他人、捉弄他人、伤害他人，也不会在学校里被其他人孤立和排挤，甚至被其他人捉弄；一个有同理心的孩子，会是受欢迎的孩子，因为他既会尊重自己的感受，也会尊重他人的感受。

第五章　孩子高情商源于深度陪伴

四、培养孩子的社交商

先问大家一个问题：你认为以下两种情况，哪种孩子的社交商比较高呢？

① 孩子A到哪儿都能迅速和身边熟悉的、不熟悉的孩子认识。

② 孩子B总是怯怯懦懦的，每次都是等着别人主动来邀请他一起玩。

很多人会选择前者，这很正常。因为在成人眼里，我们总是认为那些很快能和别人打成一片的人在社交中更受欢迎，更占优势。也正因如此，我们会有一个惯性思维：外向比内向好。

假如我告诉你，孩子A只要别人和他的意见不一样，他就会发脾气；而孩子B看到其他孩子伤心就会给他一个拥抱，你会觉得哪个孩子的社交商更高呢？

换句话说，也许更能简单明了，外向的人活泼好动，不一定能关注到对方的感受和需要，内向的人安静细心，也许更能关注到对方的感受和需要。所以，如果我们想要孩子拥有高社交商，重点不是关注孩子是否外向，而是他是否能够敏锐地察觉到对方的感受和需要。

我们选择朋友时也是这样，我们总是倾向于和那些自信、阳光、主动、热情、有礼貌、尊重他人、懂得照顾他人感受、不是那么自我的人交朋友。

四、培养孩子的社交商

所以,当我们想要培养孩子社交商的时候,也就意味着我们希望孩子具备一系列好的性格,如主动、外向、尊重他人、谦逊……而我们经常用到的方式可能是直接教孩子如何,比如:"宝贝儿,你要主动打招呼哦。""儿子,你要尊重一下别人的感受啊。"如果我们教了几次,孩子还没有改善或者进展,我们就会开始着急了。

其实,培养孩子的社交商,需要帮他形成一种优良的社交习惯。也就是说,当一种习惯经过不断反复的练习,就会慢慢形成一个人的性格。

学龄前就是培养孩子各种习惯的黄金时期,在本小节中,我会列举学龄前孩子的八个社交习惯。帮助孩子养成这些习惯,等孩子上小学和中学时,我们才可能通过更多的引导让孩子具备更高的社交智慧。

说"谢谢"

对学龄前孩子来说,这方面我们真的无须刻意引导,爸爸妈妈只要自己坚持做到,孩子自然就会学到。

我们觉得说"谢谢"很容易,因为我们每天都会跟很多人说"谢谢"。但是,在向孩子做示范的时候,我们需要注意以下三个方面:

(1)说"谢谢"的时候要具体

在给孩子示范如何说"谢谢"的时候,可以尽量示范得具体一些。

比如,如果孩子帮你拿了一张纸巾,你可以说"谢谢宝贝帮妈妈拿纸巾"。这样孩子更能直观地感受到你说"谢谢"的诚意。

同样,当你的孩子去感谢他的小伙伴的时候,也会说"谢谢你和我一起玩"。

(2)多对家人说"谢谢"

很多妈妈在外面会对朋友、同事、陌生的人习惯性说"谢谢",但是在家里反而很少说。如果我们与家人之间习惯性互道"谢谢",那么无须我们刻意引导,孩子在这样的环境中自然而然就学会了说"谢谢"。

在这方面,我受到了乐爸的正面影响,因为在认识他之前,我并不是一个

第五章 孩子高情商源于深度陪伴

会对家人说"谢谢"的人，总是觉得一家人之间说"谢谢"，太客气，太生疏了。但是，乐爸还是坚持对我说"谢谢"，久而久之，我也养成了对他说"谢谢"的习惯。乐乐出生后，他看到我们两个人互相说"谢谢"，自然也就懂得对我们表示感谢。

我给乐乐做了好吃的鸡蛋胡萝卜饼，乐乐会说："谢谢妈妈帮我做的鸡蛋胡萝卜饼。"

乐乐生病了，我给他做推拿，乐乐会说："谢谢妈妈帮我做推拿。"

（3）说"谢谢"的时候要看着对方的眼睛

看着对方的眼睛说"谢谢"，是诚意，也是尊重。

如果一个孩子从小就养成了正确地说"谢谢"的习惯，那么他会拥有一颗感恩的心，同时别人也会从他身上感受到极大的诚意。

（4）"谢谢"可以有多种表达方式

有一天放学去接乐乐，我注意到他的书包好像很重的样子。

我问乐乐："乐乐，你今天尿床了吗？"

乐乐说："我没有尿床，但是我把臭臭拉到裤子里了。"

我："哦，这样啊，那是谁帮你换裤子的呢？"

乐乐："蒋老师。"

我："那我们今天晚上做一张感谢的卡片，明天送给蒋老师好不好？"

乐乐："不用感谢的卡片了，没事的。"（因为他已经习以为常了，小的时候老师经常帮他换尿湿的裤子。）

我："蒋老师帮你换裤子，还要忍受你的臭臭，是不是她的义务？"

乐乐："不是。"

我："对呀，所以别人帮助了我们，要不要感谢？"

乐乐："要。"

我："那今天晚上妈妈陪你一起做张卡片好不好？"

乐乐："好。"

我们要让孩子知道，很多我们习以为常的事情，并不是别人理所应当要为我们做的，如果别人帮助了我们，我们应该用行动表示感谢。

道歉

做错事的时候主动道歉。和说"谢谢"一样,道歉的诚意大于语言本身。

很多爸爸妈妈遇到孩子做错事,第一反应就是让孩子说"对不起",而当孩子迫于压力非常勉强地说出"对不起"时,他们就像完成任务一般松了一口气。其实,这时孩子的内心很可能根本就没有意识到自己的行为对他人造成了多大伤害,他压根不想说这句"对不起"。

真正有诚意的道歉,不应该局限于语言本身。当我们引导孩子道歉的时候,也不应该把重点和目标仅仅放在"对不起"三个字上面。

我们可以先坐下来和孩子一起探讨:"刚才你推了那个小朋友,他一下子就跌倒了,你觉得他是什么感受啊?如果别人也推你一下,你也跌倒在地,你会是什么感受?"当孩子真正意识到自己的行为对他人造成伤害之后,他才会做出有诚意的道歉。

道歉除了要有诚意外,还需要进行力所能及的弥补。

比如,如果你家孩子把另一个孩子的书本撕烂了,那么我们的弥补措施很可能是把书本粘起来,或者用孩子的零花钱给对方买一本新的。

让孩子意识到自己伤害了别人,孩子才会进行有诚意的道歉,并对伤害的人进行力所能及的弥补,从而树立对自己的行为负责的意识。

寻求帮助

对于那些总是习惯一个人去处理问题的孩子,我们要鼓励他们在需要的时候,主动寻求帮助;而对于那些总是习惯依赖别人解决问题的孩子,就要鼓励他们先尝试自己解决问题,在自己解决不了时再向他人寻求帮助。

引导孩子寻求他人帮助的机会有很多,可以是向陌生人问路,可以是请求保安叔叔开门,也可以是询问服务员什么时候可以上菜。总之,生活中到处都有供孩子学习和锻炼的机会。

有一次我带乐乐去餐厅吃饭，等了很久服务员都没上菜。后来，乐乐说他饿了，于是我让乐乐自己去问服务员何时上菜。

乐乐跑到服务员面前小声说："阿姨，请问我们的菜什么时候上啊？"

由于乐乐个头小，说话声音低，服务员并没有注意他，于是没有进行回答。乐乐很挫败地跑到我怀里。我提醒乐乐："你在叫服务员阿姨之后，先不要急着往下说，先看看阿姨有没有看到你。如果阿姨看到你了，你再问阿姨什么时候上菜，这样阿姨才会听到你的需求。"

乐乐按照我教的方式又去问了服务员一遍，服务员这才注意并回应了他。

这样一件小事，却让孩子明白了怎样去和陌生人沟通，怎样去向陌生人寻求帮助。

倾听别人

有一次去见一个朋友，聊天的时候我发现这个朋友既有人缘又有影响力，于是我好奇地问她："你觉得为什么大家都喜欢和你在一起呀？"她想了一会儿告诉我："也许是我比较善于倾听吧，大家都说话的时候，我一般都扮演那个认真倾听的角色。"

有的人不一定是最引人注目的，但是因为善于倾听，在社交场合中反而很可能会是那个最有影响力的人。

想要让孩子养成倾听别人的习惯，我们自己就要善于倾听，至少在我们与他人交谈过程中不要总是抢话、插话。我们能够以身作则，孩子自然会受到我们的影响，可能不需要我们进行刻意提醒，孩子抢话、插话的情况就会减少。

主动开启对话

社交过程中最尴尬的场景可能就是冷场，这个时候往往就需要我们"没话找话",也就是主动开启对话。

孩子的社交也是这样,如果碰巧两个孩子性格都比较内向,很可能就会发生冷场。

有一次带乐乐和朋友的孩子一起玩,两个小孩都不说话,气氛有几分尴尬。由于朋友的孩子比乐乐小,还是个小女孩,于是我向乐乐提出建议:"乐乐,你可以问妹妹,要不要一起玩捉迷藏?"乐乐马上依言照办,小女孩也很快加入进来,两个孩子很快就打成了一片。用一个大家都喜欢的事情作为开启对话的引子,是一种好方法。

学会解决问题

有一次我带乐乐去玩滑梯,在那里碰到几个小朋友,我引导乐乐问其中一个小朋友:"哥哥,我可以和你们一起玩吗?"

那个小朋友非常冷酷地拒绝了乐乐的请求:"我们不想和你一起玩。"

乐乐有些失望。

我继续引导乐乐问:"乐乐,你可以问一下哥哥,我可以做些什么你们才愿意跟我一起玩呀?"

那个小哥哥思考了一下,然后说:"那你帮我们把那个东西拿过来吧。"

乐乐开心地把小哥哥需要的东西拿了过来,几个小朋友很快就玩在了一起。

当孩子在社交中受挫的时候,我们不仅要理解孩子的感受,更要懂得引导孩子找到解决问题的方法。

介绍自己

每次到一个陌生的社交场合中,不论是幼儿园还是游乐场,抑或是参加活动,都是锻炼孩子进行自我介绍的好机会。

很多妈妈可能会在家里和孩子做自我介绍的练习,而我最喜欢用的方式还是角色扮演。

我会经常和乐乐一起扮演两个在游乐场偶遇的小朋友,相互介绍自己的名字、年龄、爱好。对孩子来说,这是一个很有趣的游戏,他们会反复地玩。当孩子能在游戏中熟练地做自我介绍的时候,在真实的社交场合中,孩子就可以运用自如。

赞赏他人

告诉他人你很喜欢他们身上的某个优点,或者他们做的某件事情。

每个人都希望得到他人的认可。社交中非常重要的一点就是能够发现他人身上的优点,由衷地去赞美对方的优点或者对方正在做的某件事情。

当然,希望孩子养成赞赏他人的习惯,妈妈首先就要经常赞赏孩子以及家人。

我经常对乐乐说的话就是:"乐乐,妈妈今天发现你有一个很大的进步哦……""乐乐,妈妈从刚才的事件里面发现了你很大的一个优点……"

这也是在帮助孩子形成正确的、积极的自我评价。因为孩子一开始的自我评价都来自身边最亲密和信任的人对他的评价和反馈。

如果你觉得自己这方面的能力欠缺,可以给自己制定一个赞赏他人的目标,比如,每天至少发现孩子的一个优点,每天至少发现老公的一个优点,然后把这些赞赏写进你的日记里,或者写成纸条送给你的家人。

孩子在上幼儿园之前,社交商对孩子的影响可能很小,因为这个年龄段的孩子只要有玩具,自己一个人玩也会很开心。但如果我们在这个阶段没有教会孩子养成社交习惯,等孩子上小学、中学,可能会无法很好地融入同学之中,从而让孩子产生深深的孤独感和挫败感。

任何习惯的培养都不是一朝一夕的事情,所以妈妈要有耐心。

五、提升孩子胆量的五步法

看见叔叔阿姨不敢大声打招呼,看见同学不敢大声回应,看见老师更是低着头怯怯地说话。

乐乐三岁以前,我没觉得他有多"怯",因为平时跟家人和熟悉的小朋友一起玩,都很大方。直到上了幼儿园,我才发现,乐乐总是怯怯地跟老师说话。看到一大帮陌生的小朋友在玩,明明很想加入,他却总是怯怯地一个人站在旁边。

在餐厅等饭菜,乐乐说:"妈妈,我好饿。"我说:"那你问问服务员阿姨什么时候上菜呀。"乐乐马上怯怯地拉着我的手说:"我不要问,妈妈,你去问。"

在小区里碰到了同学,同学大声地喊着乐乐的名字,等人家都跑远了,乐乐才扭过头来看着我:"妈妈,那是我同学,刚才他喊我了。"我提醒他,那你跟同学打个招呼呀。乐乐这才朝着同学远去的背影小声地喊出同学的名字,可人家根本听不到了。下一次再遇到同学喊他名字,依然是如此。

看到一些大型广场上的喷泉阵,他明明很想去玩,可是不敢靠近,只能怯

第五章 孩子高情商源于深度陪伴

怯地把手伸过去,然后又闪电般地缩回来。

有一次接乐乐回家,总觉得他身上有一股味道,好像是尿味儿,但又觉得不可能。凑近一闻,果真是尿味儿,一摸他裤子,发现尿湿了,就连T恤的下沿儿也沾湿了。一问才知道,原来他尿湿了裤子,却不敢跟老师说。

以上种种,在外向型孩子的父母眼里,是完全不可能发生的事儿。可是对于比较内向的孩子,尤其像乐乐这样的孩子,这就是他们生活的日常。

所以每当有妈妈跟我说,我们家孩子不敢跟老师说自己饭撒了,不敢跟老师说尿裤子了,不敢跟老师说自己没吃饱等问题时,我完全能够理解,因为我们家乐乐也是这么走过来的。

你一定会很好奇,你们家乐乐这样子,你不着急吗?

说不着急,肯定是假的。刚开始看到乐乐说话怯怯的时候,我也会教乐乐:"你喊叔叔阿姨啊。""你想跟小朋友玩,就问:我可以跟你玩吗?""你去跟服务员阿姨说:阿姨,我们的菜什么时候可以上啊?""你跟老师说,老师,我尿裤子啦。"……但是,没用!

这些话从我们口中说出来异常轻松,可到乐乐那里,就跟天大的困难似的。

可是,有一天我带乐乐参加一个演讲俱乐部的活动,乐乐主动举手要上台当着几十个陌生的大人做自我介绍,我当时惊得下巴都要掉下来了。我和一帮朋友带着孩子去海边过周末,孩子们主动要求为我们表演节目,乐乐竟然主动要当主持人,我激动得都快流泪了。某少儿节目组的人邀乐乐去试镜,让他在有灯光和音乐的舞台上做自我介绍并表演节目,正在我犹豫的时候,乐乐居然主动答应了,我简直不敢相信眼前这个孩子还是我之前认识的那个腼腆的乐乐!

是什么让乐乐有了这样的变化和成长呢?

那就是,我花了两年的时间,付出了两年的努力,总结出的提升孩子胆量的五步法。

尊重孩子的天生气质

每个孩子都有自己天生的气质。比如，有的孩子比较安静内向，有的孩子比较活泼外向，有的孩子比较慢热，有的孩子比较自来熟，有的孩子比较谨慎细心，有的孩子比较大大咧咧……

在孩子三岁之前，如果父母没有过多地控制和强迫孩子要如何，那基本上，孩子呈现出来的行为就能看出孩子的先天气质。

乐乐从小就是那种脾气很好的孩子，其他孩子抢了他的东西，他从不哭闹，只会换一个玩具继续玩。遇到这种情况，一般的孩子可能会觉得自己的利益受到了侵犯，一定要通过哭闹表达自己的需求，但是在乐乐眼里，他觉得没必要，所以不用表达自己的需求。

这个可能有点遗传，比如，我跟乐爸在外面迷路了，我会倾向于问路，乐爸就会自己百度，因为他觉得自己可以搞定，没必要向别人问路。

如果我们能够尊重孩子的先天气质，我们就不会觉得孩子这样的性格不好，因为性格本身没有好坏之分。这个时候我们就更容易放下"一定要孩子改变"的心思，静静地等待孩子自己成长和变化。要知道，现在的孩子逆反心理都特别强，你越是要他改变，越是催促他去表达自己的需求，他越是不去做。

给孩子创造练习的机会

我在多方尝试"教"乐乐多和周围的人互动，勇敢表达自己的需求后，发现没有作用，于是决定改变策略。我试着尽可能地参加各种社交活动，以此带动乐乐大胆表达自己的需求。

乐乐是一个特别善于观察的孩子，我想自己只需要给他多创造观察学习的机会，他自然就会取得进步。于是，我开始创造各种机会，让乐乐去观察我是如何做的。

比如，我经常故意不带门卡，然后请小区的保安叔叔帮忙开门："你好，麻烦帮我开一下门。"

比如,我经常故意装作迷路,然后问陌生人应该怎么走。"你好,请问这个地方怎么走呀?"

比如,我会经常向乐乐去表达我的需求,"乐乐,你把地板都弄湿了,能不能请你把地板擦干净?"

我们都知道"言传身教"这个词,但在育儿的过程中,"身教"的效果一定是大于"言传"的。与其教孩子要做什么,不如妈妈以身示范,让孩子自己去学习。只要我们在生活中多创造这样的机会去以身示范,就不会担心孩子学不到。

给孩子更多的鼓励

内向型的孩子更加需要他人的鼓励,因为没有鼓励,孩子稍微遇到一点阻碍和困难,可能就会产生挫败感。

比如,孩子好不容易鼓起了勇气大声喊某个人的名字,结果对方根本没有听到。

比如,孩子好不容易鼓起了勇气去表达自己的某个需求,结果对方没有给予及时回应。

如果我们能养成随时随地鼓励内向型孩子的习惯,那么孩子遇到挫折就产生挫败感的可能性就会减少。这就像给孩子建立一个储蓄胆量的账户,随着孩子成长,这个账户的存款会越来越多。

每次乐乐大声唱歌的时候,我都会对乐乐说:"刚才你唱歌的声音好大啊。"

每次乐乐跳舞的时候,我都会对乐乐说:"来,乐乐老师,教教妈妈怎么跳。这里是你的舞台,你在舞台上跳,妈妈在下面学可以吗?请老师上舞台……"

有时候,我会带着乐乐爬山,跑到山上乐乐就会扯着嗓门朝山下大喊。乱喊一通之后，我问乐乐："你刚才的声音大不大？"乐乐说："大。"我：
"嗯，妈妈也觉得你的声音好大。"

不要因为这些鼓励的事情太微不足道就不去做，要知道，孩子的胆量和自信就是在这些微不足道的鼓励中一点一滴地建立起来的。

给孩子更多的支持

有一次跟乐乐同学的妈妈相约一起带孩子去香港湿地公园。

湿地公园的室内游乐场有一个密封的滑滑梯，由于这个滑滑梯设置了拐弯，乐乐不敢一个人滑。乐乐以前玩的滑滑梯，不论是封闭的还是敞开的都可以看到出口，而这个滑滑梯却看不到出口，所以让乐乐很没有安全感。

我对乐乐说："妈妈知道你有一点害怕，妈妈会在出口等你，你一滑下来妈妈就给你一个大大的拥抱，好吗？"

乐乐仍然不敢滑。

我继续鼓励乐乐："你还记得自己以前害怕从高处往下跳，害怕荡秋千吗？后来你都进行大胆尝试了，并都取得了成功，所以妈妈觉得这一次你也一定可以的，我们要敢于尝试。"

乐乐听了，有些松动，但仍然不敢滑。这个时候他的同学小E刚好坐着滑梯滑了下来。

于是我对乐乐说："妈妈知道你很想滑，但是有点害怕，那让小E抱着你一起滑下来好不好？你看他刚才一个人滑下来了，所以你抱着他也一定没问题。"

乐乐同意了。

我在出口处拿着手机等着他，给他拍照，然后给他拥抱，并把小E抱着他一起滑下来的照片给他看。我对乐乐说："你看，是不是完全没问题，很安全？"

有了第一次成功的体验，乐乐又想玩第二次。这一次，我鼓励他抱着小

E，他同意了，然后顺利地滑了下来。

之后，我就没有再管他，过了一会儿，乐乐开心地跑过来找我，显得特别兴奋："妈妈，妈妈，刚才我自己一个人滑下来了，没有让小E抱，也没有抱小E！"

我听完对他说："你肯定好开心吧。是啊，你看只要愿意尝试就可以做到，妈妈看到了你尝试的勇气。来，give me five。"

接下来，他和小E两个人一直玩那个滑滑梯，不知道滑了多少遍。

在每个孩子成长的过程中，一定会遇到很多挫折，也一定会遇到很多他们认为自己办不到并害怕去尝试的事情。这个时候，如果鼓励不能起作用，那么孩子需要的就不仅仅是鼓励，而是实质性的支持。支持不是我们代替孩子去做，而是给孩子一些可以让他愿意去迈出第一步的建议，帮助孩子找到自信心，从而让他怀揣这份自信去独立尝试。

当然，鼓励和支持的前提，依然是无条件的接纳。当我们愿意接纳孩子本来的模样，我们就不会习惯性地拿孩子进行比较，也不会由于孩子不如别人而批评孩子，而是愿意花时间同孩子进行沟通。

给孩子更多的时间

追求效率是每个人的天性。但有一件事情，还真的没法追求效率，那就是育儿。"静待花开"这句话用来形容养育内向型孩子的过程，实在是再贴切不过了。

乐乐的幼儿园老师经常看我的朋友圈，在乐乐上大班之前，每次家长会上跟她聊到乐乐的种种，她都会怀疑在我朋友圈看到的是"假乐乐"。因为乐乐平时和我在一起时的表现，和在幼儿园的表现简直是大相径庭。

但我从来没有想过，要因为别人的看法，而人为地加速乐乐的成长。因为我相信，他会有大胆的表现，只不过不是现在，而是未来的某一天。

我到现在还记得六岁时候的自己，背着书包低着头，穿过一条条熟悉的街道。一路上，任谁跟我打招呼，我都不理，只是低着头走，但这并没有妨碍我现在成为一个性格外向的人。

老师大部分时间是温和的，但有时候生气时会大声说话，乐乐因此有些害怕老师，所以他在老师面前总是怯怯的。我能理解老师，毕竟幼儿园的小朋友那么多，照顾起来很耗费精神，特别是到了午睡时间，如果大家都吵闹着不睡觉，老师也只能大喊一声让小朋友们安静下来。

于是，我不断给乐乐做心理建设，告诉他："老师生气大吼，是老师没有管理好自己的情绪，就像平时妈妈也会忍不住生气一样。这些都是大人没有管理好自己的情绪，和你没有关系。"同时，我也会告诉他："班上那么多小朋友，如果大家都不听老师的话，老师是没有办法像妈妈对你这样，一个个耐心地去跟几十个小朋友沟通，所以只能大声地吼一下。我们应该理解老师的辛苦。"

乐乐上大班的时候，有一天开家长会，老师告诉我，乐乐最近进步很大，不但可以大方地跟她说话，还能够主动举手回答问题。我听后特别开心，晚上回家就把老师的话告诉了乐乐。乐乐说："妈妈，我现在不怕老师了。"

我想，他已经完全能够区分什么是自己的情绪，什么是别人的情绪，也能清楚地知道，自己不需要为别人的情绪负责了。

父母有足够的敏感性

有一次我带乐乐去深圳的青青世界玩，进门后有一艘很大的船倒栽在沙里，船的木甲板形成了一个陡峭的斜坡。孩子们很喜欢扶着两侧的栏杆走上去，然后再像滑滑梯那样从中间滑下来。

一个跟乐乐差不多大的男孩子尝试着跟在其他小朋友后面去爬，刚开始就没有抓稳，结果手一松掉了下来，接着就大哭起来。家长见状，心疼地安慰他，然后问他要不要继续玩。孩子摇摇头说不玩了，家长就带着孩子去玩其他的了。

接着，乐乐也尝试着去爬，他本来就是一个很谨慎的孩子，动作比较慢，于是后面的孩子总是催他，有的孩子等不及了就从他身体右侧穿过去往上爬。他一着急，手也没有抓稳，就跌坐在木板上滑了下来。我还没有开口问，乐乐就主动说："妈妈，我不喜欢玩这个，我们去旁边玩其他的吧。"

我知道，他很受挫，因为第一次尝试就失败的经历带给他深深的挫败感。不过，以我对他的了解，我也知道，乐乐其实很想玩这艘船，只不过他对自己丧失了信心。于是，我对乐乐说："妈妈知道你很想爬上去，妈妈陪着你一起上去好不好？"乐乐说："好。"

虽然我答应了乐乐要陪他上去，但我并不打算帮助他上去。我选择了对我比较危险的方式，我站在栏杆的外侧（外侧刚好能站一只脚），乐乐在栏杆的里侧，我们同步爬。我希望自己的陪伴，会让乐乐更有勇气，但不希望他因为我的陪伴而对我产生依赖。就这样，在我的陪伴下，乐乐很快就爬了上去。

这次成功的体验，完全将乐乐从深深的挫败感中拯救了出来，所以那天上午他在这一个地方玩了三个多小时，到走的时候，还恋恋不舍。

生活中经常会出现孩子受挫，丧失信心，没有胆量去做某件事的情况，有时候孩子会直接表达出来："妈妈，我不敢……"而有时候孩子并不会直接表达，反而会说："妈妈，我不喜欢……"这时给予孩子及时的支持和鼓励，孩子的自信心就能得到重塑；反之，孩子的自信心就会完全丧失，行为表现就会显得越发胆小。

如果我们能做到以上六点，那孩子一定会展现出有胆量、有自信的一面给我们看。只不过不一定是现在，而是未来的某一天。

六、有力量和智慧，才能对校园霸凌说"NO"

被欺负或者霸凌的根源

几年前北京中关村二小一个小孩被"霸凌"的事件在网络上闹得沸沸扬扬。我很理解这位妈妈因为没有得到学校和老师的支持而愤恨和绝望的心情。但我关注的并不是这个事件里学校和老师最后是否能够在压力下积极地去处理，而是我们作为妈妈，如果学校和老师积极介入了，我们还需要做些什么；而如果学校和老师什么都不做，我们又可以做些什么。因为把希望仅仅寄托在学校和老师的处理上，是远远不够的。

如果老师和学校都积极介入和处理，也会去教育那些欺负人的孩子，并且老师对这个被欺负的孩子给予特殊关照，但有霸凌行为的孩子不可能一下子就能够在教育下彻底改正，而且就算他们的父母对被欺负的孩子道歉了，并批评了他们的孩子，但依然不能保证那些孩子以后不再欺负其他人。同时，被欺负

第五章 孩子高情商源于深度陪伴

的孩子的父母也不可能随时跟在孩子身边保护他。况且,如果这些欺负人的行为不是发生在校园里,而是发生在上下学的途中,那么学校没办法对孩子进行保护,孩子依然会被欺负。

所以,当家长们在孩子遭受欺负和霸凌而责怪学校和环境时,请不要忘记自己的责任。抛开学校和老师可以做的事情,我们还可以做些什么去帮助自己的孩子?

我小时候虽然没有遭遇过"霸凌",但经常被人欺负。

记得我小学的同桌经常用圆珠笔在我的衣服上乱画,那个时候的我没有胆量去寻求老师的帮助,便回家告诉了爸爸妈妈。我本希望得到他们的帮助和支持,可是他们说:"你一定是哪里惹到他了,否则他为什么不在别人的衣服上画呢?"没办法,我只好一个人委屈地承担这一切,直到老师重新调换座位我才逃离了他。

中学的时候,班上有一群长得特别漂亮的女生,她们很想和我唯一的好朋友一起玩,但并不想和我成为朋友。一天,其中一个女生单独找我谈话,并威胁我:"你不准和×××当好朋友,否则我们对你不客气。"我一听害怕极了,于是只能慢慢疏离我的好朋友。

记得当时班上还有一个很胖很凶的女生,经常欺负人,她总是把我书桌上的书掀到地上,每次我都默默忍受。有一次,我终于爆发了,不顾一切地把她的书也扔到了地上,然后当着全班同学的面大哭了一场,并因此惊动了老师。大家都很奇怪,平时不怎么说话的我,那一次竟哭得惊天动地,好像肚子里满是委屈。没想到从那之后,没人再欺负我了。

高中的时候,我的成绩越来越好,成了班上的前几名,一下子成了班上很受欢迎的人,并变得乐观自信起来。

后来,我考上了南开大学,毕业后找到了很好的工作,并且业绩一直很好,这些都让我越来越自信。可是,这种自信还是建立在自己的成绩和他人对自己的认可之上,我的内心深处依然怯懦。记得刚毕业后的几年,当我面临那些带有"霸凌"特质的人,马上就会回到那个不能保护自己,只能把委屈往肚子里面吞的小女孩角色。

六、有力量和智慧，才能对校园霸凌说"NO"

每当有人盛气凌人地指责我的时候，我所有的自信都会消失殆尽，完全不知道应该如何去正确表达自己的想法和维护自己的权利，只好事后一个人躲在厕所默默哭泣。

当年的我，怎么都想不明白，难道真的是人善被人欺吗？难道做一个善良的人是错误的吗？现在，我才知道，不是人善被人欺，而是我们缺少力量感和智慧去维护自己的权利。所谓力量感就是我们的自尊和自信，所谓智慧就是我们在面临不利局势时的自我保护能力和解决问题能力。父母真正能帮到孩子对"霸凌"勇敢说"No"的，就是培养孩子的力量感和智慧。

在这里我们不去探究自尊、自信的精确定义，为了方便大家理解，我把力量感归纳为下面两种意思：

第一，我们对自我的认知和自我价值感的认知，不会因为"霸凌"的人的言行而有所改变。比如，孩子在学校里，可能会遭受一些语言暴力，但一个有力量感的孩子不会因为别人的评价而对自己的价值产生怀疑。

第二，我们觉得自己有能力面对"霸凌"的行为，但有能力并不是说我们要战胜那些"霸凌"的人，而是说我们有能力处理这个事件。

培养孩子的力量感

（1）告诉孩子，妈妈永远都爱你

妈妈的爱不会因为孩子的行为和能力而有所变化。无条件的爱永远都是孩子健康成长的基础。

如果一个孩子从来没有得到过爸爸妈妈无条件的爱，他一定会经常怀疑自己是否真的像别人说的那样不够好，是否真的像别人说的那样不值得被爱。

有一天下午我从地铁站出来，看到一个妈妈正在领着自己的两个孩子出地铁。一个孩子向这位妈妈撒娇："妈妈，我待会儿想吃汉堡包。"谁知这位妈妈恶狠狠地瞪了眼开口要汉堡包的孩子，呵斥道："就知道吃，你看看弟弟多听话，弟弟就不像你这样一天到晚要吃的。今天不给你买了，今天弟弟听话买给弟弟，下次你听话再买给你吃。"那个撒娇要汉堡包的孩子听了妈妈的话，瞬间变得很伤心。

看到如此一幕，我的心里也闪过一刹那的悲伤，为那个孩子，也为那个妈妈。一个孩子，如果他所有的需求都要建立在有条件的爱上，我不知道以后他会用怎样的态度去面对这个社会。

一个被父母无条件爱着的孩子，他会认为自己值得被爱，那么当他面对"霸凌"的时候，就会有足够的力量去与之斗争。反之，一个被父母有条件爱着的孩子，他会认为只有自己在某方面表现好才会被爱，那么当他面对"霸凌"的时候，他很可能就会认为，由于自己做得不够好才会被欺负，于是他就没有足够的力量与之斗争。

（2）告诉孩子，别人的看法只是参考

每当有妈妈跟我说自己由于孩子不听话而苦恼的时候，我都会从正面去引导妈妈尊重孩子的想法。孩子不再处处听从父母的意见，不再那么循规蹈矩，并不是孩子变得不听话了，而是说明他已经具备了独立思考的能力。可是，由于这时的孩子不够成熟，还需要父母的耐心引导。

当孩子开始有自己的看法时，我们可以告诉孩子："别人的看法只是参考，自己的看法才最重要。"当孩子知道自己的看法如此重要的时候，他就不会轻易因为别人的否定而否定自己，也不会轻易因为别人和自己的看法不一样而否定自己。

乐乐以前经常会说："老师说……爸爸说……"但我一般都会问他："那你自己是怎么想的呢？你觉得呢？"用这样的方式不断地鼓励他，经常会听到他一些不一样的看法。

每当听到别人说乐乐害羞、胆小时，我都会问他："你觉得自己害羞吗？胆小吗？"乐乐就会说："我不害羞。"这个时候我就会引导乐乐，让他知道，别人的看法不重要，自己的看法最重要。

（3）告诉孩子，要勇于表达自己的感受

每次在外面听到孩子的哭声，接着就会听到："哭什么哭，还哭。"

孩子在表达自己的感受时，很多爸爸妈妈都会持否定的态度。

六、有力量和智慧，才能对校园霸凌说"NO"

比如，孩子说："妈妈，这个很烫。"妈妈可能习惯性会说："不烫啊，你再试试。"

再如，孩子说："妈妈，这个药很苦，我不想喝。"妈妈可能习惯性会说："不苦啊。"

有一天早上我看到乐乐的鞋子脏了，就给他换一双，他说："妈妈，我不想穿这双鞋，这双鞋子有点小。"我摸了摸他的鞋子，感觉不小，和昨天穿的鞋子比了一下长短，也不小。但我并没有去怀疑和否定他的想法，而是接纳："哦，你觉得小啊，那就不穿吧，但是你只能穿脏鞋子了，可以吗？"乐乐说："可以。"

当孩子在表达自己的感受时，即使我们的体验与孩子不一样，即使我们从逻辑上分析行不通，也要尊重孩子的感受。要知道，孩子这样去表达，一定有自己的理由，毕竟我们无法去替代孩子的感受。

（4）告诉孩子，任何人都没有权利伤害自己

从小就要告诉孩子，每个人都是独立的个体，每个人都值得被尊重，每个人都没有权利去伤害他人。

乐乐有段时间不让我亲他了，于是我每次想亲吻他的时候，就会问问他："妈妈可以亲你吗？"而不是想当然地认为，"这是我生的，我亲他一下不是很正常吗？"如果我没有征得乐乐的同意就亲他，就是在伤害他。

当孩子意识到任何人都没有权利伤害自己后，他在面临欺负或者"霸凌"时，才会更有力量去保护自己，维护自己的权益。

智慧地处理被"霸凌"

（1）判断这是游戏还是"霸凌"

孩子们在一起玩耍时，都喜欢游戏和打闹。但有些"霸凌"的孩子会用游戏当借口，以此来实现自己欺负他人的目的。

所以，教会孩子正确区分游戏和"霸凌"是很重要的。如果孩子有正确的

第五章 孩子高情商源于深度陪伴

感知力,即使对方是用游戏的心态和他玩,当他感到不好时依然会马上向对方表达自己的感受。

乐乐曾告诉我,当他站在一个小朋友的后面,那个小朋友就会笑嘻嘻地用手往后推他;而当他站在那个小朋友的前面,那个小朋友就会往前推他。

乐乐说:"妈妈,我跟他说了,我不喜欢你这样推我,这样让我很不舒服,可他还是推我。"

也许在那个孩子眼里,这只是一种游戏,可是让乐乐的感受不好,乐乐就有权利去表达自己的感受。

(2)寻求支持和帮助

一个有智慧的孩子,不会想着所有事情都自己一个人默默搞定。通常什么事情都自己扛着不告诉父母的孩子,都是害怕受到父母的指责。就像我前面提到的,自己上小学时被同桌在衣服上乱画的例子,由于自己那次没有得到父母的帮助,之后我受了委屈便不再向他们讲述。

营造一个孩子愿意来寻求支持和帮助的安全港湾,是爸爸妈妈的基础功课。当孩子说:"妈妈,今天有个同学打我了。"我们的第一反应不应该是:那你是不是先惹人家了?而是要先同理孩子:那你一定很难过,可以跟妈妈讲一讲发生什么事了吗?

很多妈妈会想,如果有人打我孩子,我应该教他打回去。可是"以暴制暴"很多时候并不能解决问题,尤其是在孩子之间,很多"霸凌"的孩子并没有安全意识,对伤害他人的轻重程度也没有概念。当我们鼓励孩子还击而不教给孩子智慧的时候,很有可能会出现这样的情况:对方加重"霸凌"的程度,让自己的孩子遭受更严重的伤害;或者出现自己家的孩子防卫过当,给对方造成不可逆转的身体伤害。

(3)帮助孩子分析"霸凌"的原因

每一个"霸凌"的孩子背后,一定受到家庭因素的影响:有的孩子是因为缺爱,有的孩子是因为被忽视,有的孩子是遭遇了不公平的对待,有的孩子是遭受了虐待,有的孩子是自暴自弃,有的孩子是因为自卑(自卑产生"霸凌"的情况也很多)……

当我们和孩子一起坐下来分析"霸凌"的原因时,也是在教给孩子分析问题的智慧。

(4)培养孩子赢得人心的能力

很多遭遇"霸凌"的孩子都是性格比较孤僻,或者说朋友比较少的孩子。所以,培养孩子的社交商,让孩子多交一些朋友,在某种意义上也可以减少遭遇"霸凌"的概率。

有些孩子性格比较内向,那就需要父母多花一些工夫,和孩子班上同学的父母多联系,让孩子多交一些朋友。就像我之前提到的自己初中时期的遭遇,那个时候的我因为性格内向,朋友很少,当遇到有"霸凌"特质的人威胁我不能和谁做朋友的时候,我基本无力反抗。如果那个时候的我身边有一大群朋友,我相信就不会出现"霸凌"的情况了。

同样,如果孩子说班上某个男生经常为难他,或者经常和他过不去,爸爸妈妈可以主动邀约那个孩子的父母,让两个家庭有机会一起玩。在玩的过程中,尝试引导两个孩子"化敌为友",这样也可以从根本上帮助孩子解决恼人的问题。

第六章
情绪平和才有好陪伴

一、对习惯性吼叫说"不"
二、特别抓狂的时候,怎么办
三、不做"踢猫"的父母
四、放下比较心和面子
五、情绪管理的核心——觉察力
六、你可以有情绪低落的时候
七、不要为打翻的牛奶哭泣

第六章　情绪平和才有好陪伴

我在给爸爸妈妈们讲课的时候，做过很多次关于情绪方面的调查。大部分妈妈都承认，自己平时对孩子发火的原因，70%以上的情形都不是因为孩子，而是因为其他事件积压的情绪。可能是因为跟老公吵了架，可能是因为工作压力，抑或是因为婆媳关系紧张……

当然，不仅是妈妈，很多爸爸也需要情绪的管理。不过，由于爸爸陪伴孩子的时间相对较少，所以出现情绪连锁反应的概率会低一些。

本章节的关注点会放在爸爸妈妈身上，帮助爸爸妈妈先做到情绪平和，因为他们情绪平和了，才能给孩子好的陪伴。

一、对习惯性吼叫说"不"

我们家的"三好"爸爸极少对乐乐发脾气,直到乐乐有一天自己去玩插座,乐爸由于担心乐乐的安全,才第一次对乐乐大吼。第一次被爸爸吼的乐乐有些不知所措,想哭却不敢哭出来。

当我过去安抚乐乐时,他的眼泪立马滚了下来,"哇"的一声就哭出来了。大概是有了妈妈的安抚,乐乐开始发泄,边哭边大喊:"我不喜欢爸爸了,我不喜欢爸爸了。"

乐爸平时对乐乐是最有耐心的,在我对乐乐发脾气时,乐爸还会提醒我对孩子要耐心一些。但是,当他看到孩子不知轻重即将面临危险时,他也会担心地冲孩子大吼。

每个人都有自己的情绪按钮,只不过有的人被触碰的机会少,所以很少看到他对孩子发火;有的人被触碰的机会多,所以动不动就会对孩子大吼大叫。

在我们身边,对孩子大吼大叫的情况是很普遍的,以至于很多爸爸妈妈都觉得这是很正常的。其实,冲孩子大吼并不一定能让孩子意识到自己的错误。家长们容易对孩子吼叫,可能是因为存在着以下五个误区:

第六章　情绪平和才有好陪伴

不吼孩子怎么长记性

乐乐被乐爸吼哭事件过后，我跟乐爸说起这件事情，乐爸说："玩插座这么危险，万一电到了怎么办？所以下意识就想要大吼，让他长点记性。"

可是大吼真的可以让小孩子长记性吗？

任何一个人，不论是大人还是孩子，在被别人大吼大叫的时候，就会下意识地处于一个应激状态，从而产生情绪反应。一旦情绪反应产生，我们的大脑就会没有办法进行理性思考。当孩子被父母吼的时候，孩子就会调动全身的精力来应付当下因为被"大吼大叫"而产生的情绪反应。反之，如果我们可以平和地去对待这件事情，用一些好的方式去引导，孩子可能就会在我们的引导下思考自己哪个地方做得不好，从而主动改正错误。

吼叫孩子真的挺好吗

绝大部分喜欢对孩子吼叫的爸爸妈妈，可能都是被父母这样吼大的。因此，他们内心很可能会有这样的认知："我也是这么被我爸妈吼大的，不也挺好吗？"

这个好不好，不是自己觉得好就好，而是自己身边的人是否也这样觉得。

一个动不动就吼叫的人，通常情绪管理能力会比较弱，情绪波动也会很大，会带给身边的人强烈的不安全感。我曾经就是这样一个动不动就吼叫的人，而且总觉得自己挺正常，直到后来收到乐爸的反馈，我才意识到自己受到父母的影响如此之深，于是决定改变自己。

我有一位朋友从小是被爸爸吼大的，她说现在她每次面对和她爸爸同龄的男性，都会有强烈的压迫感。

从小被吼大的孩子，要么会很容易变得怯懦，惧怕权威；要么会走极端，谁都不怕。不论是哪种情况，在孩子步入社会以后，都会对他的人际关系和自我发展造成很多负面的影响。

情绪管理能力差的父母更爱吼叫孩子

之前群里有妈妈说,她家孩子最近什么事都跟她对着干,稍有不顺心就哭闹,她跟孩子讲道理,孩子根本不听,还动不动就说狠话。但是,孩子特别怕爸爸,每次爸爸只要一吼,孩子就会停止哭闹。

虽然她认为吼叫不对,但是又找不到理由去反驳老公,因为孩子确实在老公面前更加听话,而在自己面前总会很调皮。不仅如此,家人还会集体给她施加压力,觉得是她太宠孩子了,才让孩子如此没礼貌。

这位妈妈的苦恼和困惑,我身边很多妈妈都跟我提到过。

通常来说,孩子被人吼一顿,马上就乖了,是因为孩子内心有了恐惧和害怕。试想一下,一个你最爱的人,而且也是你要仰仗他生存的人对你大声吼叫,一方面你爱他,一方面你又不敢违逆他,你的内心会是什么感受?

孩子也是如此,他一方面深深爱着自己的爸爸妈妈,一方面又因为被爸爸妈妈吼叫而痛苦、害怕,这对孩子来说是一种很大的心理折磨。当他内心的情绪没有办法得到释放的时候,一旦有另外一个人对他安抚示好,这个时候他就会在这个人面前肆无忌惮地发泄脾气,因为他觉得在这个人面前安全。

吼叫真的能增强孩子的抗挫能力吗

绝大部分爸爸妈妈都会觉得孩子不听话了,如果不对他进行吼叫,孩子就意识不到自己的错误。

有些父母一直持有这样一种观点——对孩子吼叫,能增强孩子的抗挫能力。

我认为这个说法,绝对是谬论,就像很多爸爸妈妈会认为多让孩子体验输的感觉,孩子的抗挫能力以后就会很强一样。

如果一个孩子因为父母对他好好说话,就变得得寸进尺或者被娇惯坏了,要么是这个孩子总是被另一个人吼叫,内心有太多的情绪没有得到释放;要么就是父母双方走向了一个极端——把"平和"地说话等同于"溺爱孩子没有界限"。

平和强调的是我们和孩子说话的方式，而不是接纳孩子所有的行为；我们可以给孩子设定限制，但是情绪上要做到平和，这也是我在平和养育课堂上一再跟所有妈妈强调的。

其实，孩子的抗挫能力培养的前提一定是孩子拥有足够的安全感，而吼叫只会破坏孩子的安全感，削弱孩子感受到来自父母的爱的能力，只会让孩子对别人的吼叫更加敏感，更容易产生情绪反应，更容易做出一些冲动的决定。

冲孩子吼叫会伤害他们吗

经常吼叫孩子，会造成以下三个主要的危害：

（1）让孩子与父母变得疏远；

（2）激起孩子的逆反情绪；

（3）孩子模仿父母大吼大叫。

我们总是在看到孩子对其他小朋友大吼大叫时，才会意识到对孩子进行吼叫的危害。甚至，有些父母在孩子进入青春期，向我们关闭了心门，结交了很多坏朋友，沾染了很多不好的习气时，才能发现孩子离自己越来越远。

如果我们希望孩子能够身心健康地成长，父母就需要以身作则，对孩子有足够的影响力。而这份影响力，通过吼叫孩子显然是无法实现的，因为吼叫只会把孩子推得更远，让其对我们产生逆反情绪，甚至为了气我们而故意结交一些不三不四的朋友。

因此，趁现在还来得及，对孩子少些吼叫多些关爱吧！

二、特别抓狂的时候，怎么办

放学去幼儿园接孩子，如果看到孩子带着一身脏兮兮的泥巴朝你走过来，你的第一反应会是什么？绝大部分妈妈可能会有如下两种反应：

第一种："你是不是在幼儿园跟别人打架了？"

第二种："妈妈跟你说了多少次了，要爱干净，你看你……"

我看过这样一个短片，短片讲的是一天刚下过雨，妈妈去幼儿园接孩子时，发现每个孩子的身上都带着污泥。妈妈很纳闷，后来才在学校大厅的电视上看到了表彰这些孩子乐于助人的视频。妈妈这才知道，原来孩子们之所以弄得一身污泥，不是因为贪玩，也不是因为打架，而是为了帮助校园里面打理花草的老爷爷。老爷爷推着花草的小推车倒在了烂泥坑里，孩子们纷纷跑过去帮助老爷爷搬小花盆，这才弄得一身污泥。得知真相后，妈妈们都为孩子们的行为感到骄傲，自然不会因为身上沾上污泥而批评他们。

每一位妈妈都经历过被孩子气得抓狂的时候，也曾因此对孩子大吼大叫。其实，绝大部分情况下，这都是我们下意识的反应。因为，我们的"原始脑"操控了我们的情绪，而我们的"理性脑"还没来得及了解清楚孩子行为背后的

第六章　情绪平和才有好陪伴

原因。

就像刚才我提到的这个短片，当妈妈们知道孩子弄得满身污泥的原因后，并不会因此批评孩子，反而会"为孩子的行为感到骄傲"。

同样是面对满身污泥的孩子，但因为污泥的由来不同，我们对孩子的态度就会完全不同。孩子因为助人为乐弄得满身污泥，我们会以此为荣；而孩子因为与别的同学打架，或者淘气弄得满身污泥，我们却会对孩子进行批评。

这是因为我们都明白，孩子拥有优良的品行比什么都重要。毕竟衣服脏了可以洗，即使洗不干净还可以再买一件，可是如果孩子的品行不端，却不是靠多洗几遍衣服，或者多花一点钱就可以的。

也就是说，妈妈们内在的"损失收益计算器"会决定看待孩子行为的态度。我们会在自己都没有察觉的情况下，快速对孩子的行为会导致的损失和这个行为会获得的利益进行对比，当损失大于利益的时候，我们就会变得抓狂；当利益大于损失的时候，我们就会倾向于理解孩子。

当我们不知道孩子为什么会弄一身泥巴时，我们会凭借自己的经验去猜测孩子弄脏衣服的原因。这个时候，我们从孩子的行为看不到任何"收益"，看到的全是"损失"：

① 我要花更多的时间给孩子把脏兮兮的衣服洗干净；

② 我带孩子回家的路上，很可能我的衣服也会被孩子的一身脏泥弄脏。

倘若我们知道孩子弄脏衣服是为了帮助老爷爷，那么我们内在的"损失收益计算器"得出的结果就完全不一样了。损失没变，但是我们看到了收益：

① 孩子能敏锐观察到身边需要帮助的人和事件，说明孩子敏感度高；

② 孩子能主动帮助老爷爷，说明孩子善良，乐于助人。

如果把收益和损失对比一下，那这些损失就都可以忽略不计了。

所以说，当孩子出现令人抓狂的行为时，如果我们希望自己能用平和的态度去面对和处理，就一定要找到这个行为背后能够带给我们和孩子的"收益"。

乐乐让我抓狂的行为也不少，随便一回顾，就能列出一大堆。

二、特别抓狂的时候，怎么办

（1）打碎东西

乐乐两岁多的时候带他去超市，他把人家货架上六七瓶的RIO饮料都打碎了。当时我想的是，还好没带他去红酒区域，要是把人家几百元一瓶的红酒给打碎了，那还真是麻烦。但是，真正让我可以很平和对待的原因是：我觉得，让孩子早一点体验到有些材质的物品容易被打碎，是他积累到的生活经验！

（2）捅破纱窗

在乐乐三岁多的时候，他把落地纱窗踢破了。当时，我差一点就要对他发火了，但还是忍住了。我告诉自己，这是乐乐体验不良后果的好机会。

由于纱窗出现了两个大洞，晚上蚊子飞进来，把乐乐叮了满脸的包。从那以后，乐乐就知道了纱窗很重要，不能随便搞破坏，不然吃亏的是自己。

（3）不按常理出牌

有一年给乐乐买了两大盒很贵的橡皮泥还有很多模具，我想乐乐会用它们做出很多漂亮造型，谁知他把各色橡皮泥混在一起，和水后弄成糊糊，然后贴在了洁白的墙上。

我看到那一墙五彩缤纷的糊糊，很想冲他发火，但还是忍住了。我告诉自己，他这是在探索橡皮泥的多种玩法，我应该保护他的好奇心。

当然，让我们抓狂的行为绝对不止这些，比如，孩子可能会在公众场合大吵大闹，甚至尖叫；孩子可能会莫名其妙地咬人，抓人，打人，踢人；孩子可能会把刚打扫过的地面弄得又湿又脏……

当孩子做出这样的事情时，我们很可能想大发脾气，但我们还是应该深呼吸让自己冷静下来，然后调动"理性脑"去努力寻找孩子行为背后的"收益"。我们探寻到孩子行为背后的"收益"，就能理解孩子，然后平和地去面对这些令我们抓狂的行为。

第六章　情绪平和才有好陪伴

三、不做"踢猫"的父母

"踢猫效应"(Kick Cat Effect)是心理学上的一个名词,它是指对弱于自己或者等级低于自己的对象发泄不满情绪,而产生的连锁反应。

人的不满情绪和糟糕心情,一般会沿着等级和强弱组成的社会关系链条依次传递。由金字塔尖一直扩散到最底层,无处发泄的最弱小的那一个元素,则会成为最终的受害者。

当一个人的情绪变坏时,潜意识会驱使他选择下属或无法还击的弱者进行发泄,而受到上司或者强者情绪攻击的人又会去寻找自己的出气筒。这样就会形成一条清晰的愤怒传递链条,最终的承受者——"猫",既是最弱小的群体,也是受气最多的群体。

在乐乐两周的时候,我们公司调来一位新上司。这位上司经常莫名其妙地冲我们发脾气。一天,我正在忙着打印开会需要的文件,她忽然冲我大喊:"Maggie,你过来。"

我刚循声过去,她就拿起桌上的文件夹朝我扔来,然后大声地斥责道:"连文件都弄不好,要你何用?!"我强压着怒气捡起文件夹,打开查看,发现这根本不是我负责的项目！"这不是我负责的，麻烦你看清楚再发火！"我扭头走出办公室，重重地关上房门。

后来，我才知道她今天早上和老公发生了点矛盾，所以想找一个下属出气。于是，随意地抽出一本文件胡乱地点名批评下属，而我就如此不幸地成了她的"出气筒"。

越想越委屈，越想越难过。回家后，我的心情依然没有变好。这时，乐乐朝我走过来，还用脏兮兮的手抓住了我的衣角。见状，我的心情更不好了，于是我下意识地推开乐乐："走开，一边玩去，妈妈烦着呢！"

乐乐用大眼睛看着我，扭了扭身子，见我沉着脸不理他就跑到爷爷身边痛哭起来。

这时，我才意识到自己居然无意中扮演了"踢猫"的母亲这个角色，而我的这种行为深深地伤害了乐乐。

毫无疑问，为人父母者都深爱自己的孩子，可是工作生活的各种事务把我们弄得身心疲惫，使我们回到家就迫切地想要休息。孩子一天没见自己的父母，终于盼到了父母下班，于是立马缠了上来，这时有些父母就会像我那样无意中忽略孩子的感受，甚至说出一些伤害孩子的话。

哪个家长都不想做"踢猫"的家长，可是人都会有不良情绪，怎样避免自己因为情绪不好而伤害孩子呢？

我发现最有效的方法就是进门之前在小区里休息五分钟，调整一下自己的状态再回家。这五分钟，我们可以坐在椅子上闭目养神，也可以听一首自己喜欢的音乐，然后收拾心情以良好的精神状态去面对孩子。

这个方法真的很有效，如今我依然在使用，各位家长不妨尝试一下。

四、放下比较心和面子

比较会毁掉大人眼里不那么优秀的孩子

从孩子学习某项技能开始，很多父母都会习惯性地拿自己家的孩子跟其他孩子进行比较。

我带乐乐上户外篮球课的时候也在这样做，比如，练习原地拍球，其他小朋友可以拍二十个以上，乐乐却只能拍十个；练习投篮姿势，其他小朋友可以投很高很远，乐乐却只能勉强把投篮姿势做对；练习三步上篮，其他小朋友可以流畅地完成，乐乐却跑几步之后就要停下来犹豫一下再投；练习边走边拍球，其他小朋友可以拍在地上的圆圈里同时保持一定高度，乐乐既无法拍进地上的圆圈里也无法保持一定的高度。

可是，不论乐乐跟其他孩子相比差多少，我都不会忽略掉他的进步。以前的乐乐只能原地拍球三四个，如今居然拍了十个；以前他不会正确的投篮姿势，如今他用正确的投篮姿势投进了一个球；以前他不能流畅地三步上篮，如今他学会了这套动作。

我没有像有些父母那样过分关注自己的孩子与同龄人之间的差距，而清楚地看到了乐乐的进步，是因为我了解乐乐，知道运动是乐乐的弱项。

大部分情况下，父母拿自己的孩子跟其他孩子做比较，是因为他们不够了解自己孩子的天生气质，才只好用社会公认的好特质来要求自己的孩子。

比如，大多数人都认为，"外向"比"内向"的性格好；"安静"比"好动"要好。但其实，每一种性格都有两面性，性格本身没有好坏之分。外向的孩子容易结交新朋友，但难以静心思考；内向的孩子善于思考，但难以快速融入新环境；安静的孩子做事情比较专注，但往往体力不好；好动的孩子体力一般较好，但难以安心地做事情。

在养育孩子的过程中，如果我们能够有一些育儿知识的储备，并对自己的孩子有一些了解，就可以少走很多弯路。

了解自己的孩子，可以从了解孩子的天生气质开始。马来西亚著名的亲子专家林文采博士的《心理营养》一书可以帮助父母了解孩子的天生气质。在这本书中，林文采博士把孩子的天生气质分为：乐天型、忧郁型、激进型和冷静型四个类型。

一般来说，孩子越小越容易观察到孩子的天生气质。因为孩子长大后，就会模仿父母或者喜欢的人，性格的表现就掺杂了更多后天的成分。

每个孩子都会具备以上四种特质，只是某一种特质在孩子的性格中占比重较大，会成为孩子的主导气质。但是，这并不表明这种气质类型的孩子就一定会拥有这种气质类型所有的优点和缺点，只能说倾向性会比较高。

只有更了解自己的孩子和其他孩子的不同，才能更好地接纳自己的孩子的不同，也才能更快捷地选择适宜自己孩子的成才之路。

曾经有一位心理学领域的老师跟我分享过她自己的育儿经。

她的大女儿考入了市重点高中，每天要面临繁重的课业压力，不过她的大女儿很享受这种紧张的学习氛围。后来，她的二女儿也考入了这所学校，但是二女儿不喜欢这种紧张的学习氛围，每天都过得很不快乐，学习成绩也一落千

第六章　情绪平和才有好陪伴

丈。她与丈夫商量后，为二女儿办理了转校，让她去另外一所课业压力较小的学校就读。二女儿来到了新的学校，脱离了紧张的学习氛围，学习成绩得到了提高。

她说她很清楚两个女儿的天生气质不同，于是选择了顺应孩子天生气质的教育方法，使她们处于自己喜欢的氛围中学习，没想到取得了不错的效果。

随着"二胎政策"的放开，如今越来越多的家庭拥有了两个孩子。如何更好地教育两个孩子，是不少父母关注的问题。我认为，了解两个孩子之间的差异，并学会理解和尊重这种差异，是父母们能够对两个孩子提供更好教育的前提。

拥有两个孩子的父母有时会有拿两个孩子进行比较的习惯，但我要提醒这些家长，比较心会毁掉在大人眼里不那么优秀的那个孩子。

"你看姐姐多自觉，作业从来不让妈妈操心，你再看你……"

"你看姐姐这次考了100分，你这次才考80分……"

"你看姐姐多乖从来不调皮，你看你总是在外面惹是生非……"

可能很多儿女双全并且第一个孩子是女孩的家庭都会充斥着这类声音，家长们总是把姐弟俩进行比较，并希望通过这类语言使男孩奋进。可是，我要提醒这类家长，这种方法并不可取，因为它违背了成长规律。

男孩无论从生理发育还是大脑发育都要比女孩晚一些，这也是为什么女孩说话普遍比男孩早，女孩走路普遍比男孩早，女孩懂事普遍比男孩早的原因。

养育两个孩子付出的精力确实要比养一个孩子付出的精力多很多，很多父母有时候会有力不从心的感觉。当父母经常被其中一个孩子的行为气到抓狂时，总会忍不住把这个孩子跟另一个比较听话的孩子做比较。其实，我们这时不妨试着分析一下孩子的天生气质类型，然后根据孩子的天生气质类型对孩子进行引导。

放下比较心，是父母需要修的最重要的一门功课。

别为了维护自己的面子伤害孩子

当孩子出现不当行为时,我们的第一反应往往是训斥孩子。为什么会这样?可能是因为孩子的行为让我们觉得面子挂不住。

当我们只想维护自己的面子时,我们就看不到孩子的需求和情绪,只能看到孩子的调皮、不礼貌以及无理取闹。

有位妈妈曾在群里说过这样一件事。

> 有一天,我和朋友一起出去玩。朋友在前面开着车,我带着三岁的儿子和朋友家的孩子坐在后座。朋友的孩子说饿了,我就把给儿子准备的饼干拿了出来,想分给他几块。谁知儿子不准我给他,我当时觉得有些尴尬,但还是强行把饼干分给了他,结果儿子为此哭了好久。我当时在车上批评儿子说:"你怎么这么小气,不就几块饼干吗?"没想到儿子听后哭得更厉害了。我是不是哪里做错了?

我问群里其他妈妈的意见,有的妈妈说:"引导孩子学会分享的观念是正确的,但这样粗暴的方法不对。"

有的妈妈说:"你分饼干时应该给朋友家孩子几块,也给自己家孩子几块。"

我问这位妈妈:"你当时为什么会觉得尴尬呢?"

这位妈妈说:"可能是担心朋友觉得我没有教好孩子吧。"

很多父母可能都存在这位妈妈这样的心理,一旦自己家的孩子出现言行不当的情况,就会下意识地阻止孩子,生怕别人认为自己没有教好孩子。

其实,我们越在乎他人的看法,就越容易因为他人的看法而错误地干涉孩子的行为。当我们放下"面子"用孩子能够接受的方式去处理一些问题时,孩子可能就会朝着我们希望的方向发展。

比如,我们希望孩子慷慨大方,首先就得让孩子对自己拥有的物品享有百分之百的权利。当孩子不愿意同别的孩子分享物品时,我们不要勉强孩子,否

第六章　情绪平和才有好陪伴

则，只会破坏孩子对自己拥有物品的安全感，让他以后变得更加自私。

在我们家，我们从不会私自翻动乐乐的物品。哪怕是乐乐的表姐来家里玩，如果乐乐不在家，她想动用乐乐的东西，我也会建议她等乐乐回来之后征求一下乐乐的意见。这种做法虽然看起来有点不近人情，可是对于乐乐度过物权意识期非常有帮助。如今，乐乐经常慷慨地把自己的物品分享给表姐。

养育孩子的过程中，每天都有各种问题上演，这些问题处理不当可能会有损我们的面子。其实，我们有时候不妨放下面子，用一颗爱子之心去接纳孩子的不完美。这样的做法，有时会收到意想不到的效果。

有一次，我带乐乐去儿童医院看病。在等待区的时候，乐乐觉得无聊，就把手摆成手枪的样子玩了起来。这时有一位老奶奶走了过来，他突然把摆成手枪形状的手向这位老奶奶的后背戳去。

这位老奶奶马上回过头来，那一刻，我觉得面子有点挂不住，感觉自己没有教好孩子。我的第一反应就是很想严厉地训斥乐乐："不准这样戳别人，很没礼貌。"

可是，理智告诉我，这样的训斥并不会对乐乐有任何帮助，于是我赶紧对那位奶奶说："不好意思，有没有戳疼您？"

那位奶奶微笑地看着乐乐，说："没有。"

我问乐乐："妈妈猜你是想和奶奶玩游戏，对吗？"

乐乐："对。"

我："你如果想和奶奶玩手枪的游戏，要问一下奶奶是否愿意和你一起玩，如果奶奶同意了，你才能和奶奶玩。刚才你没有经过奶奶允许就戳了奶奶，是不是应该对奶奶说对不起？"

乐乐对奶奶说了一声"对不起"，又不好意思地扭头玩了起来。之后，他没有再去打扰任何人。

用爱子之心接纳孩子的不完美，对于我们用平和的心态去处理孩子造成的各种问题非常有帮助。要记住：爱孩子就要接纳孩子身上的问题，不要为了维护自己的颜面就粗暴地干涉孩子的行为。

五、情绪管理的核心——觉察力

几乎所有的妈妈都会面临一个问题：情绪管理。

没有任何人可以逃离情绪管理，因为脾气再好的人也会有生气的时候。

可是，如果我们的觉察力很强，就可以在即将大发脾气的时候及时地提醒自己忍下来，然后用一种较为平和的方式去释放这些情绪。

平和养育需要觉察力

某个周六的下午，乐乐睡到5：30才起床。起来以后，就带着浓浓的起床气。

他起床后的第一件事，就是喊："妈妈，我饿了。"

我摸了一下他的小肚子，还是鼓的。

于是，我对他说："宝贝儿，你的肚子还是鼓的。爷爷正在做饭，再过半个小时我们就可以吃饭了。"

第六章　情绪平和才有好陪伴

可是，他好像一分钟都等不了，气呼呼地大喊："我饿了，我就是饿了，我就要现在吃东西！"接着，他开始扔东西发泄。

我这才意识到刚才自己否定了他的感受，让他很生气。

为了减少他的破坏面积，我把他抱了起来，并告诉他："妈妈知道你饿了，想吃东西。"

乐乐听后委屈地大喊："我饿了，我要吃掉你！"

他说完就开始咬我的胳膊。

我告诉乐乐："妈妈知道你很饿，你饿得恨不得想把妈妈吃掉。可是你咬妈妈，妈妈很疼。"

乐乐不再咬我，改为用手掐我的脸。（看来他真是气坏了）

我抱着他坐在阳台推拉门旁边，安抚道："宝贝儿，妈妈很爱你。"

乐乐跟我较劲儿，一边掐我，一边生气地说："可是我不爱你。"

我说："没关系，即使你不爱妈妈，妈妈依然爱你，妈妈最爱你了。但是，妈妈不喜欢你掐我。"

乐乐在我身上不停地扭动，踢腿。突然，阳台的落地推拉纱窗门被他踢坏了。

那一刻，我的怒气一下子就上来了。第一反应，就是想把乐乐从我身上推开，然后狠狠地对他说："你看，你把纱窗门都踢破了，妈妈不想管你了，你自己去反省一下！"

可是，我马上觉察到自己的这种反应对解决事情没有任何好处。于是，我安静下来，什么也没有说，乐乐看我这样，也突然安静下来。

过了五秒钟，我对乐乐说："妈妈很伤心，因为纱窗门破了。"

乐乐从我身上溜下去，跑到了客厅。我以为他不知所措地跑开了，于是待在原地没动。

没想到，乐乐居然拿了一卷透明胶带过来，并对我说："妈妈，我们用这个胶带把纱窗粘好吧！没关系的，可以粘好的。"

那一刻，我特别庆幸自己觉察到了内心的怒火，并且及时地调整自己的情绪。否则，问题既得不到解决，乐乐也不会去反思自己的错误。

不过，觉察力并不是一朝一夕就可以得到提升的，想使觉察力得到提升需要经过一个缓慢的过程。在我们察觉到自己即将大发脾气的时候，我们可以试着深呼吸让自己冷静一下，然后再冷静地思索解决问题的办法。我们要反复告诉自己，不要冲孩子大发脾气，这并不能解决问题；以平和的心态引导孩子，这样孩子才会意识到自己的错误。父母们要知道，世界上没有完美的父母，但是父母通过自身努力可以日趋完美，而提高觉察力是迈向完美的第一步。

提升觉察力的小妙招

很多妈妈告诉我，自己总是对孩子发完脾气之后就会后悔，可是当孩子再次做错事情时又会忍不住对其发脾气。

其实，我们能够认识到自己的问题，就说明我们的育儿水平得到了提高。若想在孩子做错事情时能够控制住自己的脾气，就需要提升自己的觉察力。下面我向各位家长分享几个提升自己觉察力的小妙招。

（1）将愿望转变为行动

我们认识到提升情绪觉察力的重要性，那我们就需要把提升情绪觉察力的愿望转变为具体的行动。可是，如果我们只是意识到了问题，却没有付诸行动，那我们自然不会有任何改变。

行动的方式可以是看情绪管理的相关书籍，也可以是听专门的情绪管理讲座，还可以是同家长们分享相关的经验……总之，只要是奔着情绪管理的目标去付诸行动，那就一定会有收获。也就是说，你的注意力在哪里，你的行动就在哪里。

（2）及时释放情绪

很多时候，我们在A事情上面的情绪，有可能是因为B、C、D、E、G、F等事情积压的情绪引起的。

当我们有情绪积压的时候，情绪觉察力就会变弱，我们就不容易控制自己的脾气。因此，我们需要通过沟通、疏解等方式及时地释放自己的不良情绪，从而避免情绪积压。

（3）保持每天反省的好习惯

古人曰："吾日三省吾身。"虽然我们不能做到每天多次反省自己，但是可以做到每天自我反省一次。

我们可以记录情绪日记，这样不仅可以不断反省自己，还可以帮助我们提升觉察力。

六、你可以有情绪低落的时候

人都会有情绪低落的时候，只是每个人的处理方法有所不同。我在情绪低落的时候会用以下方法进行情绪调整。

情绪低落的时候，也要保持平和

周六晚上乐乐用iPad的应用程序写毛笔字，五分钟后我对乐乐说："到时间了，去睡觉吧！"乐乐听后把iPad扔在一边，然后摇着头嚷嚷："我不要睡觉，妈妈，你再让我去睡觉我就要把你推倒。"

我知道乐乐这是在冲我撒娇，可是我今天情绪不高，他冲我这么一闹，我特别想把他推开。不过，我知道自己如果那样做会伤害乐乐，于是我稳了稳心神对他说："你可不可以对妈妈温柔一点呀。"

乐乐："不可以。"

我继续引导他："妈妈平时对你温柔吗？"

乐乐："温柔。"

我："如果妈妈对你那么粗鲁，你会不会伤心？"

乐乐："会。"

我："那你对妈妈粗鲁，妈妈会不会伤心呢？"

乐乐红着脸低着头，过了会儿对我说："妈妈我错了，我以后会温柔地对待你。"

我摸着乐乐的头欣慰地笑了。

我们在情绪低落的时候，会感觉自己对什么事情都提不起兴趣，也没有精力处理生活中的各种事件，并且一些小事件就可能引得我们大发脾气。就拿乐乐撒娇这件事来说，放在平时我会觉得乐乐很可爱，可是我情绪低落时就会觉得他很让人心烦。

就像上面的事例中，如果我因为自己情绪低落就迁怒乐乐并对他大发脾气，在伤害乐乐的同时也会破坏我们的亲子关系。因此，作为一个母亲应该学会控制自己的脾气，在我们情绪低落的时候也要尽量保持平和。

情绪低落的时候，可以陪孩子玩简单的游戏

周日中午，我带乐乐去超市购物，发现超市的门口正在举行"魔幻陀螺大赛"。乐乐兴致勃勃地看着哥哥姐姐们玩陀螺，看了一会儿他吵着也要玩。无奈，我向工作人员要了一个陀螺递给乐乐，乐乐开心地玩了起来。没想到乐乐还蛮有天赋，短短五分钟的时间他就掌握了窍门。

有了工作人员的指导，我只需要静静地看着乐乐玩陀螺就好。这种安静的陪伴，我经常在自己情绪低落时使用。

每个家长都会有情绪低落的时候，我也不例外。每当我情绪低落，不想说话，也不能像平时那样陪乐乐玩各种疯狂的游戏时，我总会陪他玩一些简单的游戏。这些简单的游戏，不需要我强迫自己打起精神陪他乱跑，不需要我强迫自己耗费心力引导他学习，我只需要静静地享受亲子时光就好。

情绪低落的时候，可以和孩子一起看动画片

在情绪低落时陪孩子看动画片，是个不错的选择。陪孩子看动画片，不需要我们和孩子有过多交流，也不需要动脑筋引导孩子，只需要静静地和孩子坐在一起就可以。

这个周末我的心情有些低落，不想花心思给乐乐讲绘本，于是就陪乐乐看起了《小猪佩奇》。恰好这集讲的是佩奇和乔治踩泥坑，弄得满身污泥回到家的故事。

爸爸："Oh，我的老天哪！"
佩奇："爸爸，爸爸，你猜猜我们刚才干了什么？"
爸爸："让我猜一猜，你们刚才看电视了？"
佩奇："不对，你猜错了。"
爸爸："你们刚才洗澡了？"
佩奇："不对，不对，哈哈哈。"
爸爸："我知道了，你们刚才在泥坑里跳来跳去。"
佩奇："没错没错，爸爸，我们在泥坑里跳来跳去。"
爸爸："呵呵，看看你们弄得多脏啊。"
佩奇："糟糕。"
爸爸："Oh，没事，只是一些泥而已。快来清理干净，别让妈妈看到你们这么脏。"
佩奇："爸爸，我们清理干净之后，你和妈妈也会一起来玩吗？"
爸爸："是的，我们都可以一起来玩。"

乐乐看到小猪佩奇和乔治尽情地在泥坑里跳来跳去，即使弄脏了全身和家里的地板，还能得到爸爸的理解，就特别羡慕。情绪低落的我看完这集，嘴角也不自觉地上扬。动画片不愧为"减压神器"，可以快速地让人开心起来。

第六章　情绪平和才有好陪伴

情绪低落的时候，可以请求孩子的帮助

我的学员"咕噜牛小姐姐"说，她这几天情绪很低落，于是就尝试用我教过的方法对孩子说："妈妈'爱的水杯'不满了，你能帮帮妈妈吗？"

孩子听后马上紧紧地抱住她，说："妈妈，我帮你把爱的水杯填满。"

过一会儿孩子问："满了吗？"

妈妈："满了。"

孩子："流成一条河了吗？"

妈妈："嗯，满满的一条河。"

孩子："最后成什么了？"

妈妈："最后我的爱汇成了大海。"

"咕噜牛小姐姐"说："好神奇的感觉，好像真的有爱在我们之间流动。那一刻，我特别感动，情绪立马好了很多！"

情绪低落的时候，可以向孩子请求帮助，孩子会很喜欢这种被需要的感觉。向孩子寻求帮助，一方面会让孩子觉得自己很有力量，另一方面也可以教给孩子当出现情绪低落的时候应该如何应对。

七、不要为打翻的牛奶哭泣

某个早晨,在送乐乐上学之前,我提醒乐乐要带上水杯,可是乐乐还是把水杯落在了家里。走到幼儿园门口时,我才发现他没有带,于是提醒道:"乐乐,今天你好像没有带水杯。"

乐乐听后立马哭起来,边哭还边喊:"我就要我的水杯,我现在就回去拿水杯。"

他说完就转身往回跑,一会儿就跑远了,我连忙去追赶他。

在我追赶乐乐的时候,我的脑子里快速地闪过一些念头:早上我提醒过他一次了,是他自己忘记的;不就是一个水杯嘛,晚点我再送过来不就行了,至于哭得这么伤心吗;他反应这么强烈,是因为他很重视这件事,这说明他是一个有责任感的孩子,我应该引导他。

于是,当我追上乐乐时,我对他说:"你发现自己没带水杯很难过,于是很想马上取回来,妈妈十分理解你这种心情。可是,幼儿园马上就要关门了,如果你跟妈妈现在回家取水杯就可能错过幼儿园的早饭。妈妈回去帮你拿,待会儿给你送过来,好不好?"

第六章　情绪平和才有好陪伴

没想到，乐乐不仅没有停止哭泣，还哭得更厉害了！

我只好蹲下身继续安抚乐乐，我告诉他自己十分理解他的感受，又告诉他自己不想让他回家拿水杯的原因。经过十分钟的交流，乐乐终于停止了哭泣。

我们都知道"不要为打翻的牛奶哭泣"这个道理，也希望自己的孩子明白这个道理。可是，当孩子"打翻牛奶"后，第一个不能保持冷静的反而是我们自己。

这是为什么呢？

因为养育孩子需要耗费大量的心神，孩子总会给我们惹出想不到的麻烦，这类麻烦事渐渐地消磨掉了我们的耐心，于是我们总想冲孩子大喊来发泄我们的情绪。

意识到自己育儿过程中存在的问题，我们就要在以后育儿的过程中尽量想办法避免再次发生同类问题。可是，我们应该如何做呢？我认为我们不妨先做到以下几点。

（1）放下对"最划算"的需求

很多人都追求完美，总想找到"最划算"的物品，有时为了找到"最划算"的衣服在商场里挑上一整天，最后挑花了眼还累得失去了购买的欲望；有时为了买到"最划算"的水果把菜市场逛遍，等终于比较出哪家新鲜时人家的水果却早已卖完；有时为了抢到"最划算"的物品一晚上盯着电脑屏幕，最后不仅东西没有抢到还导致了失眠……

其实，放下追求那个"最"字，选择当下我们喜欢的，也未尝不是一种很好的生活态度。也许我们喜欢的不是"最"好的，但是一定是让我们当下开心的，这样随心的做法在某种程度上也可以降低"打翻牛奶"的概率。

（2）放下对"最好的人生"的需求

以前我总是这样想，如果我在大一时能有清晰的人生规划，那么我现在一定过着另一种人生；如果我一开始就去尝试不同的工作，我可能早就找到自己喜欢的职业了；如果我以前做事情时能够多思考一些，我肯定就会少走很多弯路……

后来我发现，正是因为我们的人生充满曲折，才使我们更能体会生命的意义。

正因为我大学时没有做清晰的人生规划，我才在毕业后偶然的一个时机认识了乐爸；正因为我没有去尝试不同的工作，所以偶然发现自己的兴趣所在时，我才会如此珍惜；正因为我以前因为做事冲动常常碰壁，我才因此体验了人生的艰辛……

于是，我明白了，人不能总是计较自己失去了什么，而要明白自己在失去一些东西的同时收获了什么。

（3）放下对"最好的孩子"的需求

很多父母都希望自己的孩子能够这样：叔叔阿姨来家做客，让他给叔叔阿姨问好，他就乖乖照办；老师留了家庭作业，让他做作业，他就又快又好地完成；晚上催他去睡觉，他就二话不说回屋睡觉；吃饭时叫他吃饭，他就乖乖地吃饭；遇到问题征求他的意见，他就可以提出很有建设性的意见……

我们都期待自己的孩子成为完美小孩，但我们要明白对父母言听计从的孩子，很难有自己的想法，也很难在遇到问题时提出具有建设性的意见。

其实，世上本就没有"完美小孩"，对孩子提出各种要求，不如对孩子进行因势利导。放下对"最好的孩子"的需求，可能就避免了让孩子再次为"打翻的牛奶"哭泣。

第七章
做好时间管理才能深度陪伴

一、做好计划和准备

二、不要苛求完美

三、具备这三种能力，不亚于一位 CEO

四、学会复盘，才有成长

第七章　做好时间管理才能深度陪伴

  时间太宝贵了，今天过去了，就不会再回来。

  很多父母想深度陪伴自己的孩子，可是苦于没有时间。可是，这些父母是真的没有时间吗？鲁迅先生曾说过这样一句话：时间就像海绵里的水，只要你愿意挤，总还是有的。因此，父母们欠缺的并不是陪伴孩子的时间，而是欠缺管理时间的能力。

  在本章节中，会向家长讲述如何做计划，如何改变拖延的习惯，如何具备结果导向意识等问题。希望家长朋友们阅读过本章内容后，能够在今后的日子里很好地管理自己的时间，并能对孩子进行深度陪伴。

一、做好计划和准备

做好计划，应对变化

我以前很少为自己做计划，总是等到出现问题了才会去想解决它的办法。后来，我发现，不做计划就意味着做事情没有准备，不能很好地掌控自己的时间。于是，我养成了做计划并做预备方案的习惯。

其实，我之所以养成这样的习惯是受了一件小事的影响。

那天我与一位朋友相约晚上7：00在福田见面，谁知那天下起了大雨。我本不想出门，但想到已与人家约好了，就只好冒雨如期赴约。可是，我在那里等了很久也没等来朋友，只好打电话联系她。没想到她居然忘了这件事，并对我说"这么大雨，我们下周再约吧！你应该也没出门吧？"其实我很想对她说"我都在这里等你半小时了"，但为了减少她的愧疚情绪，我只是说了句"嗯，咱下周再约吧"。

第七章 做好时间管理才能深度陪伴

朋友爽约让我特别生气，可是我冷静地想了想发现自己也有责任。如果我早一些联系她，可能我就不用冒雨前行；如果我在前一天提醒她，可能她就不会忘掉我们的约定。

我从这件事中吸取了经验，从那以后每次和朋友约会我都会事先做个计划。首先，我会想好如果这个约会因为突发情况取消，那我这段时间可以做些什么；其次，出发前半个小时我会和朋友再次确认我们的约会时间，并告知对方自己已经出发；最后，如果约会时间定得比较早，我会在约定的前几天再与对方进行确认，以防对方忘记我们的约会。

有些人生活比较随意，没有日程管理的习惯，很容易忘记事情。如果我们主动提醒对方，一旦发现对方的情况有变，我们就可以及时地调整自己的时间安排。

实施计划，拒绝拖延

做好了计划并不意味着就能顺利地实施计划，因为我们很多人都有拖延的习惯。我曾经就是一个严重的"拖延症患者"。严重到什么程度呢？

大学毕业后我一直想报考MBA，并专门咨询了考试的各项事宜，可是直到五年后我才报名。报名之后，我的拖延症又犯了，总是拖着不肯学习，最后我连考试都没去参加。时间一天天过去，我后面也就放弃了读MBA的想法。

实施计划最忌讳办事拖拉，因此，要想让我们的计划能够顺利实施，首先要克服自己办事拖拉的毛病。通过调查问卷及探讨研究，我发现拖延症最容易在以下几种情况下出现：

（1）担心自己做不好

由于自信心不足总是担心自己做不好，于是总想等到时机更成熟一些，条件更完美一些再开始行动。就像一位妈妈在群里分享的那样，她以为等到自己能做出漂亮的手工作品时才能陪孩子做手工，后来她发现孩子不会嫌弃自己的动手能力差，于是她不再找借口拖拉，开始安心陪伴孩子做手工。

没有人第一次做一件事时就做得很完美，所以不必等到准备齐全才动手做那件事。在行动中不断调整方案，在实践中不断积累经验，也不失为一个好方法。

（2）认为自己做不好

人总会给自己贴各种各样的"标签"，有时这些标签会阻碍我们行动。

比如，我上学的时候语文不好，于是我给自己贴了一个很大的标签：我的语文很差，不能从事写作之类的工作。因此，虽然我很羡慕那些文采飞扬的人，但从未想过自己去搞文学创作。当然，有时我的心里也会萌生写作的念头，不过在自己动手写的那一刹那，心里就会冒出这样一个声音："你不会写。"然后，我写作的事情就又搁置了。

一个偶然的机会，我鼓起勇气在论坛上分享了自己的育儿经验，短短的时间内看到了众多网友的评论。这次经历，让我明白了自己原来可以写一些育儿方面的文章，于是我开始了写作。

（3）不喜欢这件事情

由于不喜欢某件事，于是迟迟不愿去做这件事。可是，谁能保证生活中需要处理的事情都是自己喜欢的呢？谁又能保证自己不喜欢做的事情就可以不做呢？大多数情况下，事情拖来拖去，我们仍然得去处理。因此，改变这种情况的方式只有一个：面对现实。

我们在遇到自己不喜欢的事情时，不妨静下心来问自己这样几个问题："这件事情我可以不做吗？""这件事情可以交给他人处理吗？""不做这件事造成的后果我能承受吗？"

如果得到的答案是肯定的，那我们就可以不做这件事；反之，就需要赶快起身去做。

（4）觉得事情太难

人们处理事情时总是习惯从简单的事情做起，而对余下的比较困难的事情却迟迟不愿动手，于是我们有时做了很多事情，却没取得预期的效果。

我们应该怎样克服自己的畏惧心理，让自己尽快完成这些不得不做的难事呢？我觉得我们可以从以下三个方面去做：

①认清自己的目标,告诉自己这件事必须完成;
②告诉自己:越是困难的事情,完成后越有成就感;
③把一个困难的事情,拆分为若干个简单的事情。

(5)没有足够的时间

一直想做某件事,可是苦于没有足够的时间,所以迟迟没有开始去做。

比如,我们想要看书,可是身为妈妈的我们很少有一个人安安静静地待在房间看书的机会,于是我们迟迟没有看书。其实,我们可以利用一些"碎片时间"来看书。比如,孩子由爸爸带着去楼下散步的时候,我们可以看一会儿书;我们上班等地铁的时候,也可以看一会儿书。要知道,把零散时间利用起来也可以做很多事情。

(6)想做的事情太多

想做的事情太多,不知道应该先做哪个,于是想着想着时间就过去了。

其实,不妨把需要做的事情列一个清单,然后按事情的缓急程度分一下先后顺序,这样就不会纠结先做哪件事情了,也不会由于要做的事情太多而发生遗漏了。

其实,造成办事拖延的原因还有很多,上面列举的只是绝大部分情况。

如果你的情况不符合以上任意一条,那么极有可能是:你对自己的现状很满意,觉得自己没有必要去成长。

二、不要苛求完美

很多人存在这样的想法：等自己有能力了就去做某件事，某一天来临时自己就去做某件事。可是，我们要清楚，这样的心理很可能使自己错过当下。

小时候最疼我的是爷爷，我总是在想，等我有一天工作了、有钱了，我一定要把爷爷接到身边，带着他到处去玩，好好孝敬他。所以我一定要好好用心学习，争取考上好大学，以后才有能力去孝敬他。有一年暑假我没有时间去10公里以外的爷爷家看望爷爷。可没想到，爷爷却突然病重，我赶回去的第二天，爷爷就与世长辞了。我痛苦了很久很久，直到工作后，半夜还经常从对爷爷的思念中惊醒。

我以为自己有能力赚钱的时候，就可以更好地孝顺爷爷，可我万万没想到，爷爷等不到那个时候。为了那个美好的将来，我就这样错过了陪伴爷爷最后一段时光的机会。

很多人可能都像曾经的我一样，总是希望自己把事情安排好了再去行动，总是奢望有了好的环境再去做某件事，总是想着拥有了足够的能力再去做某件事，于是一次次地错过了本该抓住的当下时光。

第七章 做好时间管理才能深度陪伴

比如,我们经常这样说:"等我在职场站稳脚了,我再生孩子。""等天气暖和了,我就去跑步。""等我赚够了钱,就带父母出国旅行。"

我认为做事情不必等到完美时机再去行动,也不必等到自己的能力提升到某种程度再去行动。要知道时间很宝贵,时机也很宝贵,可能错过了就不会再有这样的机会。

因此,我们很有必要提升自己的行动力,不让自己因为错过一些行动而后悔。可是,怎样才能提升行动力呢?

首先,我们应放弃对完美的追求。

我们要知道,完美只是一个相对的概念,世界上不存在绝对的完美。

我们常用的一些办公软件都存在一些缺陷,可是我们依然在使用它们;我们常用的一些App也总是存在这样那样的漏洞,可是这并不妨碍人们喜欢它们。因此,我们没有必要苛求完美,一边体验一边不断调整也不失为一个好办法。

其次,放弃和他人做比较。

似乎人们都习惯和别人比较,当自己超过别人时就会特别开心,而当落在别人后边时就会情绪低落。其实,我们为什么要跟别人比呢?做好自己,每天进步一点点不好吗?

要知道,每个人擅长的领域可能存在差别,你不擅长的可能别人擅长,你擅长的可能别人恰好不擅长。因此,我们不要总是和别人比较,只拿今天的自己和昨天的自己比较即可。

最后,做事情时不要纠结犹豫。

很多人在做事前总会想:我是否有能力做好这件事;如果我做不好别人会不会嘲笑我;我如果做了这件事会不会引得大家不满……结果,越想越不敢行动。

其实,我们做事情时没有必要想那么多,只需要想怎样把这件事情做好即可。至于其他问题,完全可以做完事情再去考虑。

放弃追求完美,放弃和他人比较,放弃瞻前顾后,把所有的心思用于做事情上,我们可能就会专注于当下,从而提升自己的行动力。

三、具备这三种能力，不亚于一位CEO

首先，问一个问题：妈妈们，在家庭里面充当哪些角色？

大多数人可能会说：母亲、妻子、媳妇、女儿。

只是这些吗？

家里的首席电工、首席水暖工、首席家政阿姨、首席保姆、首席厨师、首席健康管家、首席提醒官、首席采购官、首席资料官、首席社交官、首席拍照官……是不是全是妈妈们？

妈妈们在家庭中充当着这些重要的角色，如果不能有效地利用时间，很可能就会发生手忙脚乱的情况。因此，在这一小节中我给大家讲解怎样让时间变得更有价值，怎样为自己赢取更多时间。我相信大家具备了这节提到的三种能力，不论身在职场，还是回归家庭，我们的价值都不亚于一位CEO。

第七章 做好时间管理才能深度陪伴

结果导向意识

投资大师吉姆·罗杰斯在他的《罗杰斯环球旅行》一书中讲过这样一个故事。他和太太骑摩托车去环游世界,在非洲某地旅行的时候碰到了一个奇怪的火柴工厂。这个火柴工厂可能是个国有单位,这里的工人每天都仪容整洁地按时上下班,不请假,也不迟到早退。然而,该工厂两年的时间里却没有生产出一盒火柴。为什么呢?很简单,因为没有结果导向意识。工人只是按照规定按时上下班而已,并没有想过一定要生产出什么东西。

绝大部分妈妈都像这个火柴工厂的工人一样,每天都很忙碌,可是并没有做出什么成就。究其原因,可能就是因为我们缺乏结果导向意识。

如果我们想清楚了自己每天的生活是为了什么,自己花费那么多时间是为了得到什么结果,可能我们的生活就会变得不一样。

比如,很多妈妈特别注重孩子的学习成绩,只要孩子的学习成绩下滑,马上就会给孩子报各种补习班、培优班,或者更加严格地对待孩子的作业。可是这样一来,我们往往忽略了让孩子学习的真正目的——培养孩子自我学习的能力。

美国杜克大学的一位教授曾说过:"在全世界每年入学的新生中,有65%的人未来将会从事现在还不存在的职业。"全球知名的可汗学员创始人萨尔曼·可汗在这一观点基础上,进一步提出:"既然我们无法准确地预测现在的学生在十年或十年后需要什么样的知识,那么比起现在教给他们知识内容,培养他们的自学能力无疑更重要。"

因此,在采取行动前,我们不妨先想一下自己要的结果是什么。

抓重点的能力

很多家长都习惯抱怨事情太多,自己有些忙不过来。其实,这可能是因为我们处理事情时没有抓住重点。下面这则小故事恰好形象地向我们说明了这

三、具备这三种能力，不亚于一位CEO

一点。

动物园的管理员最近发现袋鼠经常从笼子里跑出来，他们开会讨论一致认为是笼子的高度过低导致。于是，他们决定将笼子的高度由原来的10米加高到20米。谁知笼子加高后的第二天，管理员发现袋鼠又跑了出来，于是他们将笼子的高度又加高到30米。他们认为袋鼠这次绝对不可能再跑出来，没想到隔天居然又看到袋鼠跑到了外面！大为紧张的管理员决定一不做二不休，将笼子的高度加高到100米。长颈鹿问袋鼠："你们觉得这些人会不会继续加高你们的笼子？""很难说，如果他们再继续忘记关门的话！"袋鼠说。

这则故事中的管理员把重点放在了笼子的高度上，却忽略了笼子的门有没有关好。正因为他们抓错了重点，才导致袋鼠出逃的事情迟迟得不到解决。

生活中的我们也常常像故事中的管理员一样办事情时抓不住重点，比如，我们认为自己忙是因为需要处理的事情太多，但很有可能只是因为我们没有合理地利用时间。

育儿过程中我们也可能会犯抓不住重点的问题，比如，很多家长信奉"不能让孩子输在起跑线"这句话，看到别人家孩子学什么，就赶紧让自己的孩子学什么：英语、数学、绘画、书法、钢琴、舞蹈……不顾自己孩子的喜好和天赋，通通让孩子去学。结果金钱花了不少，时间耽误了不少，孩子和家长都搞得疲惫不堪，可是孩子最终哪门功课都没学好。甚至，如此紧密的课程安排，还可能惹得孩子埋怨自己。

其实，父母不必过于关注别人家的孩子在学什么，而应沉下心来发掘一下自己孩子的天赋。也许，给孩子报一两门他喜欢的课外班，会收到意想不到的效果。

授权的能力

很多妈妈都习惯抱怨自己的时间不够用，其实这是因为妈妈们没有学会"授权"。

第七章　做好时间管理才能深度陪伴

很多妈妈习惯把家务都揽在自己身上，把照顾家人当成自己的职责，家人帮她分担家务时，她还总是这样说："看他那笨手笨脚的样子，让他去做，还不如我自己做呢。""每次他帮忙都弄得一团糟，我还得重新收拾一遍。""他们连衣服都洗不干净，交给他们我怎能放心？"

很多职场妈妈一定看过一本叫作《不懂带人，你就自己干到死》的书。同样的，不懂得授权家人，我们就只有自己包揽全部家务了。

多年前的我也不懂授权，总是自己包揽全部家务。

我有轻微的洁癖，习惯了每天把家里收拾得一尘不染。乐爸为此还向我抱怨"家里弄得过于整洁了，就如酒店一样，缺少生活气息"。

我也尝试过授权乐爸帮忙打扫，但总觉得乐爸做的事情达不到我的要求。比如，我让乐爸擦桌子，他擦完后我一看，桌面被他擦得一道一道的，甚至有的地方还残留着灰尘！于是，我立马开启了找碴儿模式："这里没有擦干净，那里也没有擦干净，你擦桌子时按一个方向好不好？认真一点嘛。"乐爸费了半天劲儿，没得到一句肯定，不高兴地说："那你自己擦吧。"

看到乐爸这样的态度，我只好重新擦一遍桌子，并自我安慰：可能自己的要求太高了，可是我就是觉得桌子擦成这样才好。

可是，当我生了乐乐，做饭、带孩子、洗衣服、哄孩子……各种各样的事情等着我去处理，如果自己事事亲力亲为真的有点分身乏术。无奈，我只好学着授权，但我真的没想到自己的授权居然促进了乐爸的成长。后来，我学着把一些事情放心地交给家人处理，自己终于告别了忙碌不堪的日子。

不过，把事情授权给他人时，需要注意以下几点：

（1）筛选可以授权事项

刚刚决定授权一些事情给老公或者长辈时，建议从对方特别感兴趣或者相对比较擅长的事情着手。比如，乐乐的爷爷以前当过兵，做事情一板一眼而且能够持之以恒，把每天上午给孩子吃水果、听音乐的事情交给他，是最合适不过的了。

有些男人笨手笨脚，交给他们做一些精细的事情显然不合适，比如，给宝宝换尿不湿、穿衣服、洗澡之类的事情他们肯定做不好。不过，我们可以考虑授权他们哄宝宝睡觉。因为哄孩子睡觉是一件极其考验体力的活儿，男人做其实比女人做更加合适。

（2）做好心理准备

我们把事情安排下去的时候需要做好心理准备。即使对方本身很擅长这件事情，可是他做事的流程和方式很可能不合乎你的心意，也有可能他做得不如你，这都是授权过程中很正常的事情。因此，我们要提前给自己打一针预防针，不论对方做得如何，都要避免挑刺儿。

（3）多鼓励少纠正

当对方完成我们交代的工作时，一定要先鼓励对方。如果我们先看到对方的不足，并毫不客气地指责对方，那么对方就会很委屈和受伤，我们的授权计划也就不能顺利进行。

比如，我授权乐爸擦桌子的事情，就是一个典型的反面事例。如果我先肯定他分担家务的心意，对他说："老公，谢谢你今天愿意和我一起做家务，你帮我减轻了不少工作呢！"然后再委婉地提出没有擦干净的地方，或者自己直接擦一遍他遗漏的部分。这样，乐爸至少会觉得自己做的事情还是有价值的，下次就会改进自己擦桌子的方式方法。

（4）必要的时候花时间培训

授权过程中，花点时间培训还是有必要的。在对方对自己做的事情产生信心之后，我们可以在气氛和谐的时候，婉转地向对方提出需要改进的地方，并且给出自己的建议。

其实，我们并不想把生活中的大小事都独自承担，只不过我们总会希望对方按照我们的要求来做事情。当对方做的事情达不到我们的要求，或者对方办事的方式让我们不满意时，我们就会生气，然后又会重新把事情做一遍。这就是缺乏"授权"能力的表现。

授权能否成功取决于意愿、能力和沟通。

我们的家人都有帮助我们分担家务的意愿，我们只要按照他们的实际情况授权不同的事务就好，比如，可以把洗菜做饭的事情授权给孩子的奶奶，把哄孩子睡觉和买菜的事宜交给孩子的爸爸，给孩子穿衣服洗澡的事情自己来

第七章 做好时间管理才能深度陪伴

做……当然,如果授权给家人,我们就需要忍受结果不能达到自己的预期,对方的做法和我们的不一样等问题。

这个时候就要用到我们的沟通能力了,超强的沟通能力本身也是授权能力高的体现。

总之,授权就意味着自己一定要付出一些成本,无论是沟通精力的成本,还是自己的情绪管理成本。

四、学会复盘，才有成长

苏格拉底说过，没有反思的人生不值得过。

还有这样一种说法：没有规划的人生叫拼图，有规划的人生叫蓝图。

计划和反思是相辅相成的，我觉得既没有计划也没有反思的人生真的会错过很多精彩。自从联想集团创始人柳传志在联想内部推出了"复盘"文化，我们如今流行把反思叫作"复盘"。

我人生的头二十多年一直没有做计划的习惯，不过，我还算比较有行动力。正是靠着这种行动力，我如愿地进入了理想的大学。

可是，考上好大学，就意味着自己的人生从此精彩了吗？

不，考上大学，只是意味着人生刚刚开始。

进入大学，我才发现自己与别人的差距。我们系有一个女孩，大一时就做好了大学四年的规划，所以从大一开始她就按照这份规划不断努力。她努力学习拿到奖学金，竞选班委锻炼自己的管理能力，参加各种社团活动提高自己的交际能力，每天泡在英语角锻炼口语……经过不断地努力，她最终成功地拿到了去美国留学的offer（录用信）。

第七章 做好时间管理才能深度陪伴

与之相比,我的大学就完全虚度了。我除了修完固定的课程完成考试之外,每天的日常就在校园里漫无目的地乱逛。我既不知道自己的目标是什么,也不知道自己当下需要去补充什么能力,于是大学四年就那样不知不觉地过去了。

我的行动力很强,可是不做行动规划,不对自己的行动复盘,单纯依靠行动力是难以取得骄人成绩的。

很多取得骄人成绩的人,都有这样一个习惯,那就是每当完成一件事情,或者组织完一场活动,都会立马对整件事情,或者整个活动进行复盘。因为只有趁热打铁,才能记录下里面的很多细节,才能更好地完善下次行动。

其实,父母们可以把制定行动规划和对行动进行复盘应用到育儿之中。例如,在年底的时候我们可以对自己整年的工作生活状况进行一次复盘。下面,我给大家分享一下我做的一次复盘。

我的复盘从下面两个方面进行。

首先,我会回顾自己年初的目标,以及我为这个目标做了哪些方面的努力。

我把自己的时间划分为学习、健康、工作、关系、自我成长、娱乐休闲六个方面,覆盖了自己工作生活的大部分内容。我每天都会记录自己的日常,并一到月底就会分析自己这个月花在这六个方面的时间,然后根据情况调整行动方案。为了让自己直观清晰地了解情况,我还专门设计了一个表格。

其次,要围绕年初的目标,进行分析。

一年的努力究竟取得了什么效果,哪些做法还存在欠缺,哪些方面做得不错需要保持,这些都需要我们进行反思。为了让大家明白如何进行复盘,下面我以"健康"为例向大家进行讲述。

乐乐身体素质较差经常生病,于是我特意设置了"健康"这个选项,并为此设置了如下安排:

①学习中医知识,给乐乐制作健康美味的营养餐;

②晚饭后带乐乐跑步;

③节假日带乐乐爬山;

④ 给乐乐报名跆拳道班。

经过一段时间的尝试,取得了不错的效果:乐乐身体抵抗力提高了,生病的频率降低了,而且生病后恢复的速度也快了。

虽然提高乐乐身体素质的计划达到了预期效果,但是自己在实施计划的过程中还是存在一些不足,比如,由于自己烹饪技术差,做出的营养餐味道不太好,有的营养餐乐乐不喜欢,因此自己还要继续学习。

养育孩子是一件极其耗费心神的事情,父母们需要不断积累经验,做复盘就是一个很好的积累经验的方式。经常复盘自己的过去,是一种生活的智慧。因为回头,可以看到我们的奋斗过程,可以回顾我们的经验和教训,还可以明确我们的奋斗目标。

第八章
深度陪伴"最后一公里"

一、给你几个早起的好方法

二、算算微信上花了多少时间

三、如何鼓励爸爸参与育儿

四、用爱化解隔代养育冲突

五、爱孩子,更要爱自己

第八章 深度陪伴"最后一公里"

每一位父母都想深度陪伴自己的孩子,可是每天都能做到深度陪伴孩子的父母却寥寥无几。这是为什么呢?

我认为有以下几个方面的原因:首先,时间不允许。大部分家长习惯周末的时间多,就在周末多多陪伴孩子;工作日的时间少,就在这个时间忽略陪伴孩子。其次,家庭成员不配合。有的爸爸总是把陪伴孩子成长的事情推给妈妈,自己极少抽出时间陪伴孩子。最后,育儿观念有分歧。有的家庭老人和年轻人在育儿方面存在很大的分歧,于是这类父母不肯让老人帮忙带孩子,而自己每天忙碌不已很难在陪伴孩子的时候做到用心。

为了解决以上问题,特意设置了本章节。相信父母们通过阅读本章节,可以找到克服这些障碍的方法,从而把深度陪伴落实到到每天的生活中。

一、给你几个早起的好方法

养育孩子其实特别耗费体力和精力，因为如果我们体力不好，自然不能陪孩子嬉戏玩耍；如果我们精力不够，自然没有耐心去应对孩子带来的各种问题。

想要保持充足的体力和精力，除了运动健身和营养均衡之外，尤为重要的一点就是作息规律。

我们都知道早睡早起身体好，但是现代人普遍都爱熬夜和赖床。不良的作息习惯一旦养成，纠正起来就很困难。孩子出生以后我们需要花费大量体力精力去照顾他，这时的我们可能就会意识到自己的体力和精力严重不足。

为什么会这样？因为熬夜伤身体，还会导致精力不济。

如果我们能够早睡，基于身体的自我调节能力，自然就能做到早起，那我们就能体力充足精力充沛，在早上给孩子多提供一些高质量的陪伴。

可是，如果我们不能早睡，我们第二天自然没办法做到早起，那起床后就会匆匆忙忙，自然顾不上在早上给孩子提供高质量的陪伴。

因此，若想给孩子提供高质量的陪伴，首先就要做到早起；而想要做到早

第八章 深度陪伴"最后一公里"

起,就要先找到让自己早起的动力源。

找到早起的动力源

(1)早起学习

很多妈妈身处职场的时候工作能力都特别强,可是生完孩子后就把重心转到了家庭中。于是,养育孩子和处理家庭琐事占据了她们大部分时间,使得她们没有办法继续学习,有的甚至导致事业发展陷入瓶颈。其实,不论全职妈妈还是职场妈妈都需要充电学习。

有些妈妈在陪孩子的时候,总是惦记着自己没有看完的那几页书,于是不能全身心地陪伴孩子。其实,我们不妨每天早起一个小时,趁孩子睡觉的时候,安心地享受这段不被打扰的学习时光。当然,晚上孩子睡觉后也可以学习,但是那个时候我们的精力就不会那么充沛,学习效率自然不如早晨高。

(2)早起锻炼身体

成为妈妈后除了感觉自己精力不济外,最大的感受就是自己体力下降,好多妈妈陪孩子跑一段路就会气喘吁吁。陪伴孩子是既耗费精力又耗费体力的一件事,身体素质跟不上很难做到深度陪伴孩子。

早起锻炼身体,哪怕慢跑十几分钟,对于改善我们的身体也很有帮助。妈妈们如果想保持美丽健康,给孩子提供高品质的陪伴,养成早起锻炼的习惯很有必要。

(3)早起亲子阅读

很多职场妈妈都有这样一个苦恼,那就是工作忙的时候,没有时间陪伴孩子。其实没时间,那是借口,我们完全可以早起十几分钟陪孩子看一本绘本。

在我做职场妈妈的时候,我就养成了每天清晨早起十几分钟给乐乐读绘本的习惯,乐乐也很享受早起与我一起读绘本的这段时光。在他晚上迟迟不肯睡觉时,我只需要问他:"你是想要现在睡觉,明天早上起来跟妈妈一起读绘本呢?还是想要晚点睡觉,没有早晨的阅读时间呢?"他听后就会一边嚷着"现在睡觉",一边迫不及待地往卧室跑。

当然,也许你希望早起为家人做一顿健康又美味的早餐,也许你希望早起有时间给自己化一个精致的妆容。总之,每个人早起都可以做很多事情,只要找到自己想要早起的动力源就好。

善用"外驱力"

虽然我们拥有了早起的动力,可是闹铃响的那一刻,看到家人们都在熟睡之中,我们可能就会安慰自己"明天再开始行动吧",于是按掉闹铃,又蒙头睡了过去。

伴着这句"明天再开始行动",我们很可能不知不觉拖到了明年还依然没有行动。

我们当中的很多人都缺乏自律,这可能与我们小时候的成长环境有关。在我们的成长过程中,外界给我们施加了太多的要求,这些要求剥夺了我们的内驱力。于是,当我们失去外界的监督时,我们做事时就习惯拖延。这个时候,我们就要善用"外驱力"来催促自己快速行动起来。

下面是我给大家列出的一些催促自己早起的外部资源。

(1)参加早起打卡

现在很多公众号的菜单上自带早起打卡功能,我们可以选择一个微信群和一帮想要早起的"小伙伴"一起打卡。比如,"快乐妈妈大本营"的群里,每天早上6:00就会有"小伙伴"准时发起晨起打卡,一会儿的工夫就会收到很多"小伙伴"的响应。

当然,最管用的也是现在最流行的,即承诺金打卡制度。这种制度是要求我们先交一笔钱给群主,如果没有按时打卡,这笔钱就会被没收。我相信有了这样的外力,我们一定会勤奋起来。当然,我们的勤奋程度和承诺金的金额息息相关:金额越大,交钱进群的"小伙伴"的行动力就越强;反之,行动力就越弱。

（2）在小区里找一个晨跑伙伴

在小区里找一个晨跑伙伴，这个方法充分利用了我们天生"爱面子"的心理。

在网络上失约，可能觉得没什么，因为大家不熟悉，但与同一个小区的人相约一起晨跑，如果我们失约，那再相见时就会异常尴尬。

所以如果能在小区里面找到一个晨跑伙伴，那简直是再好不过的方法。

（3）把"比较心"用起来

把"比较心"用在早起这件事情上，可以帮助我们快速养成早起的习惯。比如，你可以想象，早上别人还在睡觉，而自己已经起来开始学习、工作、锻炼身体，然后告诉自己：每天坚持早起一小时，三年后就会比别人多一千个小时。

Maggie的早起神器

为什么很多人做事情习惯半途而废？我认为，过于追求完美是出现这种情况的一个很重要的原因。很多人给自己定目标时喜欢定得很高，当目标不能实现时就会产生挫败感，这种挫败感会慢慢地降低我们的驱动力。因此，早起也是有窍门的，Maggie把自己总结的三个早起神器分享给大家。

（1）早睡

为了早上3：30起床学习，日本女医生吉田穗波每天晚上会和孩子一起入睡，于是她在陆续生了五个孩子并在全职工作的同时还到哈佛留学。我们不需要像她这么拼，但是至少可以做到晚上10：30之前睡觉，这样就可以保证早上6：00起床时，睡足了七个半小时。

（2）不追求完美

刚开始早起的时候，我们可能会不适应，这时不妨一个月允许自己晚起几天。比如，刚开始的一个月我们可以要求自己早起二十天，下个月可以尝试早起二十一天，如此循序渐进，我们慢慢就养成了早睡早起的习惯。

（3）开启"温水煮蛙起床"模式

如果你早上8：00才能起床，那可以给自己设定一个循序渐进的模式。比如，第一天你可以7：55起床，第二天7：50起床，第三天7：45起床……到第24天的时候，就可以做到6：00起床啦。

这样的方法就像温水煮青蛙一样，让你在不知不觉中就养成了早起的习惯。

早睡才能早起

2016年我在朋友圈发起过这样一个小调查：孩子晚上几点才会进入深度睡眠。这份调查有近百人参与回复，其中80%的妈妈都说是11：00，有15%的妈妈说是12：00以后，只有5%的妈妈说8：00——9：00就睡熟了。

在中国，孩子晚睡的情况是如此普遍。有研究数据表明，国内孩子的睡眠时间比美国孩子平均晚一个小时。我相信每位父母都知道应该让孩子早睡以保证充足的睡眠，可是应该如何做呢？

我的建议是，参照以下五个方法培养孩子早睡的习惯。

（1）从孩子出生就开始培养作息规律

乐乐的爷爷年轻时在部队待了很多年，所以作息非常规律而健康，于是乐乐在他的影响下也养成了良好的作息习惯。每天晚上八点乐乐会自觉走进浴室洗澡，八点半会躺在床上听睡前故事，然后慢慢地进入梦乡。

（2）不论多晚睡，早上准时叫醒孩子

如果孩子不小心玩得错过了睡眠时间，那也要定好闹钟准时叫醒孩子。孩子可能会因为没睡好闹情绪，但也要耐着性子这样做。因为如果不这样做，孩子的生物钟就会混乱。为了不让孩子闹情绪，我们可以白天带孩子多运动，相信孩子有了足够的运动后就会在这晚早早地入睡。

（3）每天晚上入睡往前挪五分钟

如果孩子昨天11：00睡觉，那今天就在10：55哄孩子入睡，明天就安排在

第八章 深度陪伴"最后一公里"

10：50，每天往前挪五分钟，孩子不易察觉这个变化，而这样的方法会让孩子慢慢地养成早睡的习惯。相信践行以上方法，让孩子在八点到九点之间入睡就不是幻想。

（4）创造安静的睡前环境和惯例

我们可以在睡前两小时，给孩子创造一个安静的睡眠环境。这个环境可以由一系列的睡前惯例组成。

比如，乐乐三岁前的睡前惯例是：5：30—6：30吃饭，然后6：30—7：30在楼下玩耍，7：30—8：00睡前洗漱，这样就可以保证在8：00准时上床睡觉。乐乐三岁之后，睡觉时间就延迟到了9：00。当然，偶尔也会有特殊情况发生，比如，晚上带乐乐去听音乐会，或者周末外出玩耍回家比较晚。

在整个睡前惯例里，一定不能再穿插任何可能会刺激孩子神经的事情。比如，下楼散步的时候，就不要疯跑了；睡前不要跟孩子在床上玩乱蹦乱跳的游戏，也不要带孩子上街或者去超市购物。我一般会带乐乐在小区里散步或者骑一会儿自行车，小区里灯光昏暗，晚上人也不多，这样的环境会让孩子慢慢安静下来。

（5）做好计划

如果想要孩子早睡，就需要提前做好计划。因为一旦顺其自然，我们就会发现让孩子晚睡的理由太多了。比如：我下班太晚了；我们吃饭太晚了；爸爸回家太晚了；孩子想和爸爸一起玩……

假设我们想让孩子在九点之前睡觉，首先要熟悉孩子所有睡前惯例花费的时间，因为熟悉了这些才能做出比较可行的计划。

假设孩子吃饭需要三十分钟，洗澡刷牙穿睡衣需要四十分钟，睡前故事需要三十分钟，下楼散步至少三十分钟，你期待孩子在9：00之前睡觉，那么就要在6：50开始吃饭。为了避免中途的一些意外状况，最好给自己留二十分钟的缓冲时间，也就是最好在6：30安排孩子开始吃饭。

通过这样的计划，我们就很容易达成让孩子早睡的目标。

二、算算微信上花了多少时间

很多妈妈经常这样抱怨:"自从有了孩子,照顾孩子和操持家务就占用了我的大量时间,我没有时间去做自己的事情了。"

可是,妈妈们真的这么忙吗?妈妈们的时间都去哪儿了?

妈妈们的时间都去哪儿了

有一位妈妈告诉我,孩子的学校组织家长给孩子买演出用的服装,老师在班级群里给大家分享了一个淘宝链接。她打开链接一看三十元一件,于是五秒钟完成下单。这时,她发现班级群里收到很多消息,于是打开看了一眼,原来妈妈们针对这件衣服发了几十条消息。

有的妈妈在问:"不知道这件衣服尺码偏大还是偏小?"

有的妈妈在问:"我问了卖家,运费五元钱,有没有妈妈一起拼单,省一下运费?"

第八章 深度陪伴"最后一公里"

群里的聊天持续了两个小时,最后终于有人组织起了团购。而她想的是,衣服加上运费也才三十五元,况且距离演出开始还有两周的时间,即使衣服的尺码不对,调换一下就可以了,也不会浪费多少时间。

所以,她没有纠结衣服是否合适,也没有浪费时间寻找降低成本的方法,而用"愿意承担尺码不合适导致的退换货"以及"放弃寻找降低成本的方法"去换取了两个小时的宝贵时间。

很多妈妈都习惯在一些小事上浪费大量时间,比如上面例子中妈妈们纠结衣服尺码的大小,还有一些妈妈寻找降低成本的方法。诚然,为了让孩子穿上合身的衣服多问一句并没有错,节俭度日也没有错,可是这无形中花费了我们很多宝贵的时间。其实,邮费也就几元钱,衣服不合适还有时间调换,而时间消耗了还会再来吗?

为了与妈妈们交流育儿经验,我加入了很多微信妈妈群,可是我发现妈妈群绝大部分都是以下几种情况:总是有人时不时发一些广告,分享一些非原创的育儿鸡汤,还总是充斥着各种负能量的抱怨。群里既没有人分享育儿经验,也没有人针对那些抱怨提出建设性的建议,大家只是周而复始地抱怨不休。

许多妈妈都抱怨自己很忙,可是很多妈妈依然每天花费至少半个小时的时间刷微信。为什么呢?这是因为微信不仅能满足我们对信息的需要,也能满足我们对社交的需要。

可是,如果我们的微信群里总是充斥着上面提到的那类信息,我建议还是不要把时间浪费在这里。这类消息除了浪费我们时间,让我们的心情变得沉重之外,对我们养育孩子没有丝毫帮助。

我认为,与其把时间浪费在浏览这类没有意义的消息上,还不如给孩子讲个有趣的故事,或者陪孩子画画、做手工、玩简单的小游戏。记住,时间花费在哪方面,时间久了就可以看出来。

养育孩子没有捷径,与其向别人抱怨自己的不易,不如沉下心来钻研育儿方面的知识。父母把孩子带到这个世上,就要肩负起养育孩子的重任。

二、算算微信上花了多少时间

快点删掉垃圾微信群

如今手机成了大家必不可少的一个工具，而微信是手机中必不可少的一个软件。这个软件功能强大，购物、交流、游戏、新闻应有尽有，很多人都离不开它，甚至吃饭等车时都在刷微信。不过，微信的这些功能在方便人们生活的同时，也给人们带来了很多困扰。

以前我添加了很多微信群，而这些微信群每天都发消息，这导致我每天都有很多消息需要查看。后来，我发现这些消息都是一些毫无营养的广告、心灵鸡汤，或者是一些人的抱怨，于是我不胜其烦，果断地退掉了这些整天发毫无营养信息的群。

自从退掉这些群，我告别了消息轰炸，终于可以沉下心来做自己的事。曾经有人在一个育儿群里发问"怎么没人说话？"有人回答："本来大家就够忙了，何必浪费时间和精力说一些废话。"这句话虽然直接，但说出了我的心声。

很多妈妈为了与大家交流育儿经验添加了妈妈群，并且遇到问题就会习惯性地在群里求助。殊不知，现在很多群里都潜伏着网托。

只要有妈妈问："我们家孩子最近脾胃不好，应该怎么做？"卖保健品的就会立马出来，非常热心地回答问题，然后非常巧妙地向大家推销××保健品。

只要有妈妈问："我们家孩子最近老发脾气，这是为什么？"做某V店的就会立马出来，非常热心地告诉你，她是如何用绘本帮助孩子进行情绪管理的，然后很自然地分享给你一个链接（其实就是她的店）。

当然，我并不是说热心回答问题的妈妈都是托儿，网托毕竟是少数，大部分妈妈都会真诚地帮助别人。我只是建议妈妈们最好去口碑良好的群里寻找有价值的信息，别被广告信息占用大量时间，从而耽误自己解决育儿问题。

第八章 深度陪伴"最后一公里"

有效地使用微信

信息的便捷为家长们学习和分享育儿经验创造了有利条件。我如今组建了一个"快乐妈妈大本营"的妈妈微信群,经常和群里的妈妈们交流育儿经验。

前几天,有妈妈在群里询问孩子不爱学英语怎么办。消息发出来的瞬间,就有很多妈妈在群里分享相关的经验,有的妈妈说让孩子看英语版的动画片,有的妈妈说给孩子放英语的歌曲,还有的妈妈说陪孩子读英语的绘本。看到各位妈妈分享的育儿经验,我赶紧记了下来,决定带乐乐一一进行尝试。

妈妈们不仅可以用微信群与各位妈妈交流育儿经验,也可以关注几个育儿方面的公众号来学习一些科学的育儿方法,比如,育儿早教百科、小洋人育儿宝典、兔小贝、育儿宝典等。这些育儿类的公众号经常发表一些与育儿有关的文章,比如亲子类的小游戏,给宝宝选衣服应注意的问题,怎样开发孩子的智力,怎样为孩子烹制美味的食物等。

父母每天都会刷微信,在打开微信的时候不妨花费几分钟学习一下怎样科学地养育孩子。陪伴孩子需要用心也需要方法,高质量的陪伴才能养育出双商较高的孩子。

三、如何鼓励爸爸参与育儿

很多家庭妈妈参与育儿的时间要远远多于爸爸,我们家也是。造成这种情况的原因有以下四种。

(1)爸爸的工作性质

不论是去参加孩子班上的家长会和运动会,还是陪孩子去上兴趣班,都很少看到爸爸的身影。如果是工作日,那爸爸参与的机会就更少了,我们家也不例外。

有一次,乐乐所在的幼儿园邀请孩子的家长陪孩子打水仗,乐乐的爸爸就由于要工作没有出席。孩子的爸爸一般在家庭中肩负着养家的重任,他们工作繁忙不太可能请假特意出席学校的活动。

(2)爸爸对待家庭分工的态度

有的爸爸觉得育儿主要是妈妈的责任,爸爸的责任就是赚钱养家,所以他们不会在育儿这件事上投入太多的时间和精力。

其实,孩子需要父爱,父亲的责任并不只是赚钱养家而已。母亲能够给孩子关爱,但父亲能教给孩子独立、自强等品质。孩子享有父爱和母爱,才能享有一个美好的童年。父亲和母亲共同陪伴孩子，才能与孩子建立温馨的亲子关系，才能给孩子提供高质量的陪伴。

（3）妈妈对待家庭分工的态度

有的妈妈觉得育儿这件事情主要是自己的责任，爸爸的责任就是赚钱养家。这类妈妈总是觉得爸爸赚钱养家已经很辛苦了，不能让他在育儿上再操心。于是，她们把家里的大小事情全部揽下，从来不让爸爸插手。

持有这种观念的妈妈，大都是受自己父母的影响。这种"男主外，女主内"的生活方式，无形中破坏了父子之间的关系，其实，孩子需要父亲的陪伴，同样父亲也需要孩子的陪伴。

（4）爸爸在家庭中是否有被需要过

有的爸爸很想在育儿上花一些时间和精力，可是他感受不到孩子和妻子对自己的这种需求，于是干脆撒手不管把所有的事情交由妈妈负责。

这类情况经常出现在妈妈太过强势的家庭里。爸爸在家里没有话语权，他们想用自己的方式陪伴孩子却得不到妈妈的尊重和允许，于是为了避免冲突，他们只好放弃陪伴孩子。

想要爸爸多多参与育儿，我们得先弄明白，自己家的情况属于以上哪种。搞清楚了具体情况，才能根据情况想出解决的办法。

肯定爸爸在育儿中的作用

乐乐断奶后一直与爷爷奶奶一起睡，偶尔才会跟我们睡一个房间。可是，乐乐四岁时居然变得十分依赖乐爸，总是嚷着要和乐爸一起睡，这让我感到十分意外。

一天，乐乐洗完澡后拉着乐爸的胳膊，迟迟不肯去爷爷奶奶的房间，还大声嚷着"我要跟爸爸睡"。

我对他说："爸爸待会儿还有工作，妈妈陪你睡。等你躺好了，爸爸就会过来陪着你，可以吗？"

三、如何鼓励爸爸参与育儿

乐乐:"不,我要爸爸陪我睡,我不喜欢妈妈了。"

乐爸还没来得及回应,我就把乐乐抱到房间去穿睡衣,乐乐立马生气地挣扎:"放开我!我不喜欢妈妈了,我要爸爸。"

在乐乐强烈的要求下,乐爸只好放下手中的工作陪他。

其实,乐爸很享受这种被儿子需要的感觉,也很开心能够陪伴乐乐。

有一天我问乐乐:"你喜欢爸爸陪你做什么呢?"

乐乐回答:"我喜欢爸爸陪我去莲花山,陪我踢球,陪我看喷泉,陪我爬楼梯,陪我去中山公园坐小火车……"

乐乐一口气说了很多和爸爸一起做过的事情。

然后,我继续问他:"那你喜欢妈妈陪你干什么呢?"

乐乐回答:"我喜欢妈妈陪我做手工。"

本以为乐乐会接着往下说,没想到他说完这句就结束了,这让我有点小失落。于是,我提醒他:"那你喜欢妈妈陪你看绘本吗?你喜欢妈妈陪你去图书馆吗?你喜欢妈妈陪你跑步吗?"

在我的提醒下,乐乐才回答:"我喜欢呀……"

我开始思考,为什么乐爸陪伴乐乐的时间还不到我的五分之一,但是在乐乐的心目中,乐爸带给他如此多的美好回忆呢?

我的答案是:妈妈给孩子的爱像细雨春风一般温润无形,让孩子感觉到安全和温暖;可是爸爸给孩子的爱像高山一样高大巍峨,让孩子感觉到力量与责任。

孩子三岁以后,妈妈的陪伴已经无法完全满足他的需要了,这个时候就需要爸爸参与到育儿中来。如果爸爸能够在有限的亲子时间做到深度陪伴,那么爸爸对孩子的影响力是相当大的,甚至会超过妈妈。

美国临床心理学家斯蒂芬·波尔特撰写了一本名为《父亲的因素》的书。他在书中列举了对子女的职业生涯产生重要影响的四种类型的父亲——超级成功型、"计时炸弹型"、被动型和缺席型。

(1)超级成功型父亲

如果你是超级成功型父亲的孩子,你可能会表现出一种"受阻性"——出于对父亲的叛逆心理，你的工作表现可能会远远不及你真正的能力，在事业上可能不会取得太大的成就。

（2）"计时炸弹型"父亲

如果你是"计时炸弹型"父亲的孩子，你可能会拥有一种不同寻常的取悦他人的能力。乍一看来这种能力对你的工作会有帮助，但是在工作中你可能过分专注于取悦他人，而不敢对他人的意见提出异议。

（3）被动型父亲

如果你是被动型父亲的孩子，你可能在情感表达上会有障碍。在一个工作和生活并不太分明的工作环境中，能否与同事有足够的情感交流十分关键。

（4）缺席型父亲

如果你是缺席型父亲的孩子，你在与男上司合作以及和其他公司高层人物互动方面可能会出现障碍，容易对上司产生敌意和愤怒。

不管是哪种类型的父亲，都会给孩子的健康成长带来不可忽视的影响，所以父亲千万不要以"工作忙"为理由而忽视了对孩子的教育。

鼓励爸爸参与育儿的六个方法

在工作上相对忙碌的爸爸，如何才能避免成为一位"缺席型父亲"？其实答案很简单，那就是多多鼓励爸爸。

（1）找出自家爸爸的优点

很多妈妈婚前觉得自己的老公很优秀，可是婚后就对其百般挑剔。其实，我们选择与对方结婚大多是出于爱情，而爱情的产生很大程度上是因为对方身上有吸引自己的"闪光点"。这些"闪光点"，就是对方的优点。

可是随着婚姻生活的开启，对方的缺点会慢慢暴露，时间久了有的妈妈就会一味地盯着对方的缺点不放，甚至完全忽视对方的优点。

其实，爸爸的优点很多，比如：细心、有责任感、脾气温和、诚实守信……试着放下挑剔的眼光，用客观的眼光看待对方，并找出他的优点。找出自家爸爸的优点之后，我们不妨把这些优点写在纸的左侧，然后在右侧写出希望他参与的育儿事件，接着寻找比较适合自家爸爸参与的育儿事件。

（2）允许爸爸按照他的方式和孩子一起做喜欢的事情

以前我希望乐爸能够带乐乐多运动，因为我认为理想的家庭分工是爸爸带领孩子运动，妈妈陪孩子阅读、做手工。可是，乐爸并没有因为乐乐而爱上运动，他一如既往地喜欢静静地看书。

不过，乐爸也不是一点运动不做，他经常带乐乐去公园散步，偶尔也会陪乐乐踢足球，带他去博物馆游玩。乐乐很享受和乐爸一起的时光，即使两人只是安静地待在一起，乐乐也会很开心。

乐爸让我明白了，陪伴孩子并不一定要和孩子做些什么，安安静静地与孩子坐在一起也未尝不是一件快乐的事情。

一位妈妈告诉我，他们家老公把打游戏变成了构建亲子关系的桥梁。自从父子俩一起玩游戏，孩子就特别听爸爸的话，有些自己搞不定的事情，爸爸一出马孩子就会乖乖配合。当然，我举这个例子并不是鼓励爸爸带孩子玩游戏，而是想说任何看似不好的事情，只要正确引导就有可能变成一件好事。

所以，我们要允许爸爸按照自己的方式和孩子一起做喜欢的事情，我们要相信爸爸的判断力，他不会带孩子做一些不利于孩子身心发展的事情。

（3）妈妈要赋予爸爸力量感

很多家庭由于妈妈陪伴孩子的时间多，妈妈就对孩子的事情享有话语权，爸爸只能听从妈妈的指挥。长此以往，爸爸就会失去在家庭里贡献力量的动力。

其实，妈妈要给予爸爸与孩子单独相处的空间，允许他按照自己的想法去陪伴孩子。当然，如果妈妈在教育孩子的问题上与爸爸产生分歧，两人可以通过协商解决问题。如果爸爸在某些方面做得不够好，妈妈可以提出建议，但不要粗暴地干涉爸爸。

相信这样的做法会让爸爸觉得自己被赋予了力量感，孩子也会因此变得愿意亲近自己的父亲。

（4）让爸爸的陪伴变得有规律

有一段时间乐爸的工作格外忙碌，每天回家时都已到了深夜。可是即使如此，只要周末有时间，乐爸都会抽出半天的时间全身心陪伴乐乐。

乐爸平时喜欢带乐乐在小区里做一些简单的运动，比如，散步、拍球、喂小区里的流浪猫。虽然陪伴的方式很简单，但是乐乐很享受与乐爸相处的这段时光。慢慢地，当乐爸有一段时间没有陪乐乐做这些事时，乐乐就会缠着我问："妈妈，爸爸最近好忙啊，什么时候我们才能一起去喂小区里的流浪猫呢？"

孩子需要这种有规律的陪伴，因为这种有规律的陪伴会加固父子的感情，并让孩子明白，不论爸爸是否忙碌他依然爱自己。

（5）和孩子一起多聊聊爸爸的陪伴

爸爸如果陪伴孩子的时间少，妈妈和孩子在一起的时候，不妨和孩子多聊聊他和爸爸一起玩的事情。

记得乐爸曾经出差三个月，乐乐那段时间很想念他。我除了在晚上安排乐乐与乐爸视频聊天外，还会经常与乐乐谈论乐爸。比如，带乐乐去公园的时候，我会对乐乐说："乐乐，你记得吗？上次我们和爸爸一起来这里玩，爸爸带你踢足球，你们踢得好开心呢。"晚饭后带乐乐去小区里散步，我会对乐乐说："乐乐，你记得吗？爸爸曾在这里教你做俯卧撑呢！"

让孩子反复回忆与爸爸一起玩耍的幸福时光，会增强孩子对父爱的渴求，让父子关系变得更加融洽。

（6）让爸爸产生被需要的感觉

如果爸爸能够感受到自己被家人需要，他会更愿意在家庭中投入时间和精力。

如果我们经常批评和否定爸爸，或者经常在孩子面前批评爸爸，爸爸就很难产生"被需要的"感觉，也就不愿在家庭中投入时间和精力。

大部分爸爸做事不如妈妈细心，因此他们的育儿方式可能也与妈妈们的方式不同。不过，这并不妨碍孩子享受与爸爸相处的美好时光。当孩子和我们谈到父子一起的美好时刻时，如果这时爸爸不在场，妈妈可以把这些细节记录下来，并把孩子的感受转达给爸爸。这样的方式会鼓励爸爸，让他变得更加愿意陪伴孩子。

四、用爱化解隔代养育冲突

妈妈们最为烦恼的事情就是与家人的育儿观念发生冲突。每当发生这样的事情，妈妈们总会焦虑、无助，甚至产生挫败感。因为这个时候，妈妈们会觉得自己特别努力地学习育儿知识一点用处都没有，家人完全不理解自己。

乐乐小的时候，我也有过同样的经历。我们经常在教育乐乐的问题上发生冲突，有时甚至由于沟通不好导致孩子接收到完全相反的信息。遇到这种情况，我始终记得一句话：选择爱，保持联结。

澄清

我喜欢亲吻乐乐，因为我觉得这是一种很直接的表达爱的方式。于是，乐乐在我的影响下也变得喜欢用这种方式表达爱。

乐乐是爷爷带大的，因此跟爷爷的感情特别深，于是经常亲吻爷爷的脸颊。可是，爷爷担心乐乐这样做会影响乐乐的健康，因为乐乐经常在爷爷还

第八章　深度陪伴"最后一公里"

没洗脸的时候就亲他,于是每次乐乐亲爷爷的时候,爷爷就会用家乡话说:"好丑"。

后来,当我要亲乐乐的时候,乐乐就会说:"爷爷说不能亲,好丑。"

我对乐乐说:"爷爷是担心自己没有洗脸,你亲吻时沾染上细菌,所以跟你说'好丑',但是爷爷并没有说不能亲。我们亲吻干净的脸颊,就不用担心细菌传染啦。妈妈爱乐乐,才会想亲吻乐乐,亲吻是一种表达爱意的直接方式,一点也不丑。"

我对乐乐这样澄清之后,乐乐就会明白妈妈和爷爷的观念并不存在冲突,他也就不再纠结了。

由于沟通问题导致孩子在同一件事情上接收到两种不同的信息,妈妈可以通过向孩子澄清来使孩子解除困惑。

同理心

爷爷为了让乐乐听话,有时会用比较严厉的语气跟乐乐说话。比如,乐乐洗漱的速度没有达到爷爷的期待时,爷爷会对乐乐说:"你再不快点儿,上学就要迟到了,那样老师就会批评你。"

乐乐特别害怕老师批评他,听到爷爷这么说,他就会立马加快速度。

乐乐可能受了爷爷的影响,他那段时间特别喜欢用"批评"这个词。比如,他经常这样对我说:"妈妈,如果你不听话,我就批评你。"

为了让乐乐明白这样说话很不礼貌,于是我引导乐乐:"乐乐,你对妈妈发脾气的时候,妈妈有没有批评你呀?"

乐乐:"没有。"

我:"那妈妈是不是在接纳你的情绪呀?"

乐乐:"是。"

我:"那如果妈妈生气了,你是不是应该接纳妈妈的情绪呀?"

乐乐:"是。"

我:"嗯,很好。每个人都会有心情不好的时候,作为亲人我们应该试着接纳对方的脾气。"

其实,孩子心里有一杆秤,当他接收到一些相反的教育理念和教育方式,他自己会对其进行比较和衡量。

老人需要肯定和鼓励

有一次乐乐感冒了,咳得很厉害,爷爷还特意给乐乐蒸了一条鱼。我看到后很生气地对他说:"爸,你这不胡闹吗?鱼生痰,乐乐咳嗽有痰的时候给他吃鱼,不是加重病情吗?"

我只看到了那盘鱼,却没有看到爷爷心疼孩子想给他补充营养的心意,深深地伤害了老人家的心。

我们总觉得老人难相处,却从不去细想老人那些行为背后蕴含的心意。如果我先肯定爷爷的心意,然后再跟他解释咳嗽不能吃鱼,那他的心里就会好受很多。

其实,隔代养育冲突是每个家庭都会经历的。当发生这类冲突时,我们要怀着理解的心去看待这件事情,然后尽量用平和的语气与老人沟通。我们要相信,老人做事的出发点是关爱孩子,只要我们把事情这样做不好的原因向其讲述清楚,老人为了孩子一定会听从。

发挥孩子的影响力

随着孩子一天天长大,他对家人的影响力也会慢慢呈现。

乐乐的爷爷有一段时间身体不太好,对乐乐的耐心也下降了,他偶尔会在乐乐调皮的时候呵斥两句。一天,乐乐由于受到爷爷的呵斥不开心,于是我想到了开导乐乐。

第八章 深度陪伴"最后一公里"

我："乐乐，你很爱爷爷对不对？"

乐乐："嗯，虽然他最近总批评我，不过我还是喜欢他。"

我："是不是因为你不乖，才让爷爷生气？"

乐乐："嗯。"

我："那爷爷生气的时候你是什么感觉？"

乐乐："不舒服。"

我："哦，那爷爷生气的时候会怎么做？"

乐乐："爷爷生气的时候，会冲我大喊。"

我："哦，那爷爷生气的时候，你会怎么办？"

乐乐："我会说'爷爷，你不要这么凶嘛，你可以温和一点吗？'"

我："那你这么说了，爷爷是什么反应？"

乐乐："爷爷就不那么凶了。"

我："那你觉得为什么爷爷不那么凶了。"

乐乐："因为这句话有魔力！"

我："那妈妈再教你一句有魔力的话好不好？"

乐乐："好！"

我："爷爷生气有时候并不是因为你不乖，而是因为他身体不太好。爷爷劳累和身体不舒服的时候就会失去耐心，这时他可能会冲你大喊。你爱爷爷，就应该理解和关心爷爷，对不对？"

乐乐："嗯。"

我："那妈妈教你的另一句有魔力的话是'爷爷，你刚才对我说话声音很大，是不是最近太累了？你要好好休息！'你学会了吗？"

乐乐："学会了。"

由于我一直引导乐乐平和地表达自己的感受和需求，因此在爷爷生气的时候，乐乐能说出"爷爷，你不要这么凶嘛，你可以温和一点吗？"在乐乐看来，这是一句有魔力的话，它能让爷爷马上平静下来。

其实，这句话并没有魔力，爷爷之所以平静下来是因为爷爷疼爱他。正是由于爷爷对乐乐的疼爱，使乐乐的话具有了影响力。

五、爱孩子，更要爱自己

在社会中生活我们要扮演很多角色，妈妈、儿媳、妻子、女儿、员工……从我们睁眼起就一直在忙碌：陪伴孩子的时候，我们要时刻告诉自己要做一个好妈妈，给予孩子高质量的陪伴；和公婆相处的时候，我们要时刻提醒自己要做一个好儿媳，即使受了委屈也要拼命忍住；和老公相处的时候，我们会提醒自己做一个温柔的妻子，于是事事为他考虑不让他为家庭琐事操心……

我们每天尽职尽责地去扮演这些角色，可是却常常忘记那个最重要的角色——自己。正因为我们常常忘记"自己"，所以就忘了提醒要爱自己，于是我们经常会感到心力交瘁。

静下心来想想，你有多久没有好好爱过自己？有多久没有好好打扮过自己？有多久没有慢慢地享用美食？有多久没有每天留半个小时和自己对话？有多久没有淡然地坐在茶苑里喝茶……你可以把自己当成小孩给予宠爱，这样你才能享受到生活的美好！

可是，怎样把自己当成小孩宠爱呢？我们不妨试试下面的方法：

第八章　深度陪伴"最后一公里"

赞美自己

很多人对自己的缺点如数家珍，但是对自己的优点却不太了解。

那天我去拍一组照片，由于很久没有拍照了，于是显得特别拘谨。摄影师看到后，安慰我："你很美啊，放轻松。"就是这样一句简单的赞美，让我立马找回了自信，最后照片呈现的效果简直超乎自己的想象。摄影师告诉我，很多妈妈来拍照时都觉得自己不漂亮，但其实她们远比自己想象的要漂亮很多。

除了外表上的不自信，我们还常常低估自己身上的其他优点。每次我问妈妈们擅长什么时，大多数妈妈总是说："我好像没什么擅长的。"可是和大家相处久了，我发现每个妈妈都有自己擅长的东西：有的妈妈特别擅长做肠粉，有的妈妈特别擅长拍照，有的妈妈特别擅长做旅行攻略，有的妈妈买东西很有眼光……

如果你看不到自己的优点，可以尝试从他人那里获取反馈。如果觉得赞美自己很难，可以每天记录自己的优点。坚持下去，你就会看到更好的自己。

寻求帮助

很多时候，我们不希望别人看到自己的脆弱，于是一个人默默地解决所有问题。可是，一个真正爱自己的妈妈，会清晰地知道自己的肩膀可以承受多少重量，而且一旦超过这个界限，就会去寻求他人的帮助。

可是，我们应该向谁求助呢？我的建议是，向能够完全接纳你的人寻求帮助。

每位妈妈都应该有自己的社交圈子，在这个圈子里可以放心地向他人敞开心扉，并能收获大家的理解、关心和帮助。

除此之外，我们还可以向自己的家人求助，包括自己的孩子。很多妈妈认为孩子太小不能帮助自己，于是从没产生过向孩子求助的想法。其实，孩子也能很好地帮助我们。要知道，孩子是上天赐予我们的礼物，他们会无条件接纳自己的父母。

我情绪低落的时候就曾向乐乐求助，乐乐像我平时拥抱他那样把我紧紧地抱在怀里，还不时地用他的小手抚摸我的脸。乐乐这样的举动让我觉得很温暖，我的情绪也就慢慢地恢复了过来。

照顾好自己的身体

爱自己就要照顾好自己的身体，如果身体都照顾不好还谈什么爱自己呢？

其实，照顾好自己的身体很简单，早睡早起，按时吃饭，减少生气的频率，养成每天锻炼的习惯即可。

身体是革命的本钱，爱自己是我们每个人都要掌握的技能。妈妈们要明白，自己身体健康才能好好陪伴孩子，自己身体健康才能打理家庭事务，自己家庭健康才能赚钱养家，自己身体健康才能照顾老人……

可能我们的父母从没有教过我们如何爱自己，但是我们要明白这样一个道理：父母感到幸福了，孩子才会感到幸福，和谐的家庭氛围才能养育出身心健康的孩子。

因此，要想养育出身心健康的孩子，就要给予孩子深度陪伴；而要给予孩子深度陪伴，就要保持身心健康好好爱自己。

第九章
我的私房育儿经

一、如何应对孩子看电视、打游戏的问题
二、合理引导孩子吃零食
三、孩子害怕打针怎么办
四、如何让孩子爱上学习
五、今天的慢是为了明天的快
六、教会孩子从错误中学习
七、拒绝不等于伤害，它通往自由
八、如何培养有自主判断力的孩子

第九章 我的私房育儿经

我们每天都会面临不同的育儿问题,有时刚刚解决了这个问题,下一个问题又来临了。接踵而至的育儿问题有时会弄得我们烦不胜烦,有时甚至让我们感到心力交瘁。

比如,孩子看电视、打游戏毫无节制,孩子总吃零食不爱吃饭,孩子总是赖床不起,孩子大哭不止,孩子不写作业不爱学习……

上面这些情况我在养育乐乐的过程中也曾遇到,本章节给大家分享我的私房育儿经,帮助大家轻松面对来自孩子的挑战。

一、如何应对孩子看电视、打游戏的问题

下面的场景你一定不陌生：

你跟孩子约定好了只看一集动画片，可是孩子看完之后哭闹着要再看一集，你只好答应了孩子的要求，没想到孩子看完两集之后还要继续看。

有一天你找不到自己的iPad，不经意间推开孩子的房门，发现孩子不知何时把iPad拿进了房间正在偷偷玩游戏。

你信任自己的孩子以为他会认真做作业，可是孩子把作业扔到一边，沉迷在电视和游戏之中。

发生这类事情时，大部分妈妈是怎么应对的呢？

可能大部分妈妈会先分析出现这类问题的原因，比如，有的妈妈认为平时太溺爱孩子了，有的妈妈认为大人没给孩子做好榜样，有的妈妈认为大人让孩子接触电子产品太早了。

于是，各位妈妈为此想出这些解决方法：把家里的电子产品收起来，在孩子面前不看手机和电视；与孩子做好约定，然后严格执行约定；在孩子出现无节制看电视、打游戏的时候，用温和而坚定的教养模式劝告孩子……

第九章 我的私房育儿经

各位妈妈为了不让孩子沉迷电视和游戏使用了很多方法，可是这些方法有时收效甚微。那孩子出现这类事情时我们应该怎么做呢？

合理地满足孩子看电视、打游戏的需求

虽然孩子看电视和打游戏的需求让很多父母特别焦虑，但父母还是应该尽量满足孩子的需求。鲁迅先生曾在《风筝》一文写道："游戏是儿童最正当的行为，玩具是儿童的天使。"家长不应剥夺儿童游戏的权利。

父母要明白，粗暴地制止孩子看电视、玩游戏，很可能严重伤害孩子。因为孩子这方面的需求没被满足，他就会找机会加倍满足自己，这种心理在心理学上称为"未完成事件"，即童年没有满足的事情，长大了也会想方设法再去完成。

比如，有人小时候喜欢吃糖果，可是父母不舍得买，于是他这种需求没有得到满足，他赚钱后第一件事就是去超市买很多喜欢的糖果。这种行为就是受"未完成事件"的支配。因此，父母如果粗暴地制止孩子看电视、玩游戏，可能就会造成孩子这方面的需求迟迟得不到满足，将来一有机会他就通宵达旦地看电视、玩游戏，严重伤害他的身体。

可是，如何把握孩子看电视、玩游戏的尺度呢？

认同孩子的需求

孩子："妈妈，我想用一下iPad。"
妈妈："用iPad干吗？"
孩子："打游戏。"
妈妈："小小年纪，天天就沉迷那些游戏，不准打！"
如果妈妈以这种口吻告诉孩子不准打游戏，孩子可能会暂时打消打游戏的

念头，但是会趁爸爸妈妈不在家的时候悄悄打游戏，或者攒钱和同学去网吧打游戏。

因此，粗暴地拒绝孩子的需求，或者用说教的方式引导孩子多学习少打游戏，并不能达到良好的效果。

面对这种情况，我的建议是，先认同孩子的需求，然后尽量满足孩子的需求。妈妈们可以参照如下方法来做。

孩子："妈妈，我想用一下iPad。"

妈妈："用iPad干吗？"

孩子："打游戏。"

妈妈："什么游戏这么好玩呀？"

孩子："《王者荣耀》。"

妈妈："这个游戏真的这么好玩吗？来，跟妈妈说说。"

孩子："是呀，我们学校好多孩子都玩……"

妈妈："儿子，听你说完我也觉得这个游戏很好玩。这样，你今天作业还没有做完，你先做作业，妈妈现在去下载游戏。等你做完作业，我们一起玩，顺便你也教教妈妈，怎么样？"

我相信，用这种方式与孩子交谈，即使我们不能马上满足孩子的需求，孩子也会认为我们理解他、认同他，并且乐意向我们敞开心扉。

超出孩子期望值地给予孩子

当孩子向我提出自己的需求时，我经常会超出孩子期望值地给予孩子，因为这样可以让他产生极大的满足感。

比如，孩子说："妈妈，我想看一集动画片。"

我说："好啊，给你看两集。"

试想一下，假如孩子连续看三集动画片才会满足，可是妈妈每天只允许他看一集，哪怕连续给孩子看一周，孩子的内心依然得不到满足。可能还不如一次性给孩子看四集，让孩子的内心得到极大的满足，后面再每天看一集。

乐乐有段时间特别爱看动画片，《爱探险的朵拉》《小猪佩奇》《超级汪汪队》等，他都喜欢。刚开始我跟他约定看动画片的时长，可是每次关电视的时候他都会发脾气，虽然我极力安抚他，但他依然不开心。

后来，我让他自己安排看动画片的时间。没想到，他居然一口气看了两个小时！自从得到彻底的满足后，他与我商定了每天看十五分钟的动画片，并一直乖乖配合到现在。

偶尔给孩子惊喜

在孩子没有提出需求的时候，偶尔带孩子去看一场电影，或者给孩子看一部新的动画片，这些都会带给孩子惊喜。

如果你发现孩子沉迷电子游戏，不妨反思一下：

①最近家庭的氛围如何？

②你跟孩子的关系如何？

③孩子是否承受了太多批评指责？

如果孩子由于以上原因造成最近沉迷于看电视、打游戏，父母们不妨放手让他尽情发泄，因为孩子的情绪应该得到释放，况且孩子不当的行为很可能就是在呼唤爱。因此，父母们要试着接纳孩子的不当言行，同时给予孩子更多的关爱。比如，父母们可以在一段时间后给孩子一个惊喜，然后告诉孩子，自己对他的爱不会发生丝毫改变。

深度陪伴的吸引力远大于看电视和打游戏

一位妈妈曾跟我分享过她们家发生的一个小故事。

这位妈妈每到周末都会允许孩子睡前看三十分钟的动画片。有一个周末，她陪孩子玩游戏，不知不觉就过了看动画片的时间。正在她想提醒孩子时，没想到孩子说道："妈妈，我们再玩会儿游戏就睡觉吧，今天不看动画片了。"

那一刻，她觉得特别幸福，没想到自己的吸引力居然超过了孩子最爱的动画片！原来，当自己用心陪伴的时候，能够对孩子产生如此巨大的影响力。

所以，家长们与其每天绞尽脑汁思考如何阻止孩子看电视、玩游戏，还不如多花些时间和心思去深度陪伴自己的孩子。

第九章　我的私房育儿经

二、合理引导孩子吃零食

可能很多父母都担心孩子吃太多零食会导致不能正常吃饭，从而影响孩子的生长发育。我也曾经为这件事担心。

乐乐是个贪吃的孩子，有好几次由于积食而生病。看着他生病的样子，我特别心疼，于是把家里的零食都藏了起来，还要求家人不许给乐乐买零食。在我"霸道"的做法下，乐乐之后很少因为积食而生病。

可是乐乐三岁之后，情况发生了变化。三岁的乐乐进了幼儿园，看到别的小朋友手中的各种零食，眼中不禁流露出羡慕的神色。于是，有的小朋友就热情地把零食分给他，棉花糖、棒棒糖、冰激淋、薯片、海苔……各种零食递到乐乐手里时，乐乐显得有些不知所措。

乐乐第一次品尝小朋友分给他的薯片时，脸上显现的那种幸福表情，我到现在依然记得。

那一刻，我突然意识到，我用一颗爱子之心剥夺了孩子自由选择的权利。

二、合理引导孩子吃零食

不要用逃避的方式处理零食问题

  乐乐入幼儿园之前我能禁止他吃零食，可是他上幼儿园之后，我不可能再像以前那样时时刻刻监督他。

  幼儿园的小朋友会给乐乐零食，小朋友的家长也会给乐乐零食，当他收到很多零食时，他会不会背着我们开心地吃一通？如果有一天乐乐自己有了零花钱，他会不会跑到超市买一堆"诱人的垃圾食物"？

  想到这些，我决定每周给乐乐十元钱锻炼他消费和理财的能力。

  刚开始，乐乐总去面包店买面包，然后用剩下的几元钱在旁边的水果店买水果。看到他花完了零花钱，我问乐乐："今天吃的满足吗？"他总会回答："好满足呀。"

  一天，我带乐乐去超市，他看到了很多想吃的零食，于是我临时给了他五元钱让他自己挑。结果，乐乐看到海苔想要，看到水果想要，看到绿豆饼也想要。我教他看售价标签，并对他说："你的手里只有五元，如果都买肯定不行；不过，你可以向我借，只是下周我会少给你零用钱。"乐乐冲我点点头。

  接着，我问乐乐："你最想吃什么？"乐乐回答："绿豆饼。"于是，我用两元钱给他买了一个现烤绿豆饼。

  我又问他："你还想吃什么？"乐乐回答："海苔。"于是，我又花费四元给乐乐买了一袋海苔。

  等乐乐吃完，我对他说："妈妈答应给你五元钱，但你刚刚在超市花费了六元，所以下周妈妈要扣下你一元钱。"

  乐乐点头说："嗯，知道了。妈妈，超市里的标签好神奇，看它就能明白东西的价格，以后我买东西之前都要仔细地看标签。"

  一段时间后，乐乐又去了那家面包店，他一进门就看到了新品榴莲小蛋糕。

  我对他说："想要吗？"

  乐乐点点头。

  "这个蛋糕十五元，你每周的零用钱只有十元，不够呢。如果我们把钱攒起来，下周就有二十元了，你就能买下这个蛋糕了！"我摸着乐乐的头说，"你是想攒起来买榴莲小蛋糕，还是放弃它买别的？"

乐乐非常肯定地回答："买别的。"然后，他选了一个甜甜圈和一个蛋挞，正好花了十元。

乐乐非常开心地吃着甜甜圈，边吃边说："妈妈，我下周要把钱攒起来买那个榴莲蛋糕！"

果然是活在当下的孩子，先满足了，才能想到延迟满足。

我说："好啊。"

对于给孩子零花钱这件事情，很多妈妈会称为财商的培养。而我觉得与其说是培养财商，不如说是自律能力、正确决策能力的培养。

每个孩子都需要一颗富足的心灵，这颗富足的心灵需要情感上的充分满足以及物质上的适当满足。

尊重孩子的偏好和选择，给孩子自主选择的权利，就是给予孩子情感上的充分满足；给孩子一定数额的零用钱，教会孩子认识价格标签，引导孩子消费和理财，在一定程度上培养了孩子的自律能力和决策能力。因此，给孩子零用钱让他自己选择零食，是一个控制孩子乱吃零食的好方法。

健康而合理地满足孩子吃的欲望

很多妈妈都会因为孩子吃东西没节制而忧心不已，于是就会想方设法地阻止孩子吃东西。可是，这样的方法往往会适得其反。

我曾经也因为担心乐乐闹肚子，而总是限制乐乐吃东西。结果，乐乐由于吃东西的欲望得不到满足，反而每天都惦记着吃。

乐乐的脾胃不好，医生让他少吃寒凉的食物，于是我们很少给他买水果和冰激凌。

有一次，我带乐乐参加一个活动，活动现场有很多水果。乐乐走到水果区域就挪不动步了，然后抓起水果就不停地吃，我试图让他少吃点，可是他完全

二、合理引导孩子吃零食

不听。就这样，他从水果区域开放就开始吃，一直待到其他小朋友吃过后离开。甚至，那个区域就剩他自己了，他依然不舍得离开，还留在那儿"兢兢业业"地吃水果。

乐乐为此付出了"惨痛的代价"，当天晚上就呕吐、拉肚子、发烧了。看着乐乐难受的样子，我不禁反思：为了孩子身体好，剥夺孩子吃东西的乐趣，这样究竟对不对？

后来，李雪这本书《当我遇见一个人》给了我答案。书中有这样一句话："如果我能吃两块巧克力，而你愿意给我十块，那么剩下的八块都在说'我爱你'。"

那一刻，我突然领悟到，妈妈是否有意愿满足自己的需求，对孩子来说是多么重要！妈妈固然爱自己的孩子，可是孩子却是通过妈妈能否满足自己的需求来感知母爱。

当我出于爱子之心费尽心思安排他的饮食时，他却使出各种方式来向我提出抗议。以前我埋怨他不明白我的苦心，现在我知道他在想：妈妈如果爱我，为什么不让我吃这个东西呢？

于是，我做了一个非常大胆的决定——取消在吃的方面对乐乐设限，让乐乐通过锻炼来提高身体素质。

有一次，乐乐要吃冰激凌，我没有像以前那样拒绝，而是满足了他的需求。

我对乐乐说："妈妈带你去买冰激凌，不过冰激凌太凉了，妈妈担心你吃后闹肚子。这样好不好，你选一款自己喜欢的口味，我们多买几个放在冰箱里。不过，你今天吃几口就先停下，因为妈妈要观察一下你吃后会不会闹肚子。如果你吃后肚子没有不舒服，那以后就可以多吃一点。"

乐乐开心地同意了，然后在商店选了喜欢的口味，回家后开心地吃了几口。

结果，过了一会儿，乐乐就开始肚子不舒服，我赶紧用暖宝宝给他暖肚子。经过这件事，乐乐意识到了自己吃冰激凌会难受，于是再也没有因为不给他吃冰激凌而闹情绪。

第九章 我的私房育儿经

乐乐有一天想吃糖，于是我带他去超市。在超市的糖果区域，我递给乐乐一个袋子，然后对他说："你想吃什么样的糖就随便装。"乐乐开心极了，问我："妈妈，你为什么给我买这么多糖啊？"

我对乐乐说："因为满足你的需求，对妈妈来说非常重要。以前妈妈担心吃糖对牙齿不好，所以从没主动给你买过糖果，现在你大了，妈妈相信你会照顾好自己的牙齿。所以，这些糖果你可以自己决定怎么吃。妈妈只提醒你一句，吃完糖一定要刷牙，晚上最好不要吃糖。"

第一天，乐乐吃了好几颗糖；第二天，吃了一颗之后，乐乐就没再吃。后来，他完全忘了那些糖果。

一段时间后，乐乐看到其他小朋友在吃彩虹糖，他也想吃。于是，我带他去超市买了一大盒彩虹糖。第一天，他开心地吃个不停，一会儿吃颗红色的，一会儿吃颗绿色的，一会儿吃颗蓝色的……后来，这盒彩虹糖也渐渐被他遗忘了。

后来，我带乐乐去超市买零食，我指着之前买过的零食问他要不要，乐乐会说："妈妈，这个太不好吃了。"或者说："妈妈，这个我吃过了，我想尝尝另外一种。"

我发现，孩子需要的并不是零食，而是爸爸妈妈愿意满足他吃零食的意愿，以及愿意满足他好奇心的意愿。

当然，我们身边不乏喜欢命令爸爸妈妈买这买那的"小皇帝"。作为父母，我们不希望宠坏自己的孩子，不希望自己的孩子成为"小皇帝"，所以我们才会在是否满足孩子需求方面纠结不已。

其实，那些向父母索取无度的孩子，恰恰是因为父母没有及时地满足他们的欲望。而对他们来说最重要的欲望就是：无条件的爱。

三、孩子害怕打针怎么办

乐乐刚上幼儿园时经常生病,于是我经常带他去医院看病。在看病的过程中,最让我揪心的就是给乐乐打针了,因为每次打针他都会痛哭不止。

相信很多家长都曾有过这种经历,家长们遇到这种情况会怎么做呢?我相信,大部分家长会选择如下几种做法:

(1)不管三七二十一,先把孩子哄到窗口再说

比如:"宝贝儿,打针一点儿都不疼。"

(2)用物质激励

比如:"宝贝儿,打针之后,妈妈给你买个棒棒糖好不好?"

(3)用自己的期待去绑架孩子

比如:"宝贝儿,你最勇敢了,你看其他孩子都哭,你最勇敢一定不会哭的。"

以上三种做法,可能会让某些孩子停止哭闹,但孩子并不能因此正视自己内心的恐惧。那面对这种情况,应该怎样做呢?我认为不妨尝试一下以下的方法:

第九章　我的私房育儿经

（1）先接纳孩子的情绪

比如："宝贝儿，妈妈知道你害怕疼不想打针，妈妈也不想让你打针抽血呀。"

（2）提前告知孩子可能会发生的情况，让孩子有个心理准备

比如："宝贝儿，打针确实会疼，不过很快就过去了。"

"宝贝儿，如果打针的时候你动来动去，针头可能会伤到你，所以妈妈会把你紧紧地抱住。妈妈抱着你，陪着你，宝贝儿勇敢一些好不好？"

（3）鼓励孩子

比如："宝贝儿，妈妈知道这件事情对你来说是个挑战，妈妈会一直陪在你身边，如果你害怕想哭，就哭出来。"

"打针的过程中，你可以去体验一下是不是就疼一小会儿。你自己去感受了，下次就不会害怕了。"

"宝贝儿，上一次妈妈记得你刚到医院门口就大哭，今天你勇敢地来到了打针窗口。你看，这就是你的进步哦。"

（4）通过角色扮演，帮孩子释放情绪

我经常让乐乐扮演医生给我打针，并且在他给我打针的时候，我会扮演一个害怕打针的孩子。

我会边哭边喊："哇……妈妈，我不想打针，我不喜欢这个医生。"

乐乐这时就会学着大人的口气说："你生病了一定要打针，不打针就不会好。你如果想哭就哭吧，我特别理解你。"

角色扮演的游戏，不仅可以帮助孩子释放内心对打针的恐惧，还能帮助孩子积极地面对不得不打针的现实。

当我们不再用"要勇敢"绑架孩子的行为时，孩子反而学会了勇敢。

四、如何让孩子爱上学习

父母们都希望自己的孩子爱上学习,因为我们知道,爱学习的孩子会拥有美好的前途。于是,当孩子说出"不想学习"的想法时,很多家长的第一反应就是转变孩子的想法。

比如,家长们会说:"儿子,你把作业做完,妈妈就给你买把枪。""宝贝儿,你这个学期考了100分,暑假带你去迪士尼。""你今天不把作业做完,就别想睡觉。""这个学期考试低于90分,下个学期零花钱取消。"……

不管是奖励还是惩罚,刚开始都可以起到让孩子去学习的效果。甚至,持续运用奖励的方法,孩子还会表现出"爱上学习"的劲头,比如,孩子放学回家后,一定要把作业做完才会休息。可是,孩子这样的表现真的是"爱"上学习了吗?不,也许他只是"爱"上了妈妈给的奖励。

我们都希望孩子主动学习,并从学习中找到乐趣。可是,在这个过于强烈的"希望"的指引下,我们居然渐渐遗忘了自己的初衷,反而变得只在意孩子学习的成果,即学习成绩好。

当我们弄清楚自己的初衷是让孩子主动学习之后,激发孩子学习的"主动

第九章 我的私房育儿经

性"就变得容易了。我们只需要调动孩子的学习兴趣，不再每天盯着孩子的成绩单，不知不觉间孩子就会爱上学习，那"学习成绩好"的一天也就不再遥远了。

培养孩子的学习"主动性"

如何才能让孩子产生学习的"主动性"呢？

我认为，妈妈们只需要重点做好五件事情，即保护好奇心、做好情感联结、营造好氛围、提高趣味性、赋予成就感。

（1）保护好奇心

我现在依然记得自己上学时最不喜欢语文，我讨厌看书写作，也讨厌背诵课文。我从没想过自己有一天会爱上阅读和写作，更没想过自己会从事写作方面的工作。

是什么导致我发生如此巨大的转变呢？是好奇心！记得有一段时间我萌生了很多想法，可是不能把它们清晰地表达出来，于是我带着好奇心开始学习语言表达。慢慢地，我爱上了用写作的方式表达自己的想法，后来又萌生了从事这方面工作的念头。

好奇心有着强大的魔力，它使我转变思想爱上了读书写作。因此，我认为培养孩子主动学习的习惯，最重要的是保护孩子的好奇心。

（2）做好情感联结

小朋友不愿去幼儿园，可能并不是他们不喜欢和其他孩子一起玩，也不是他们不喜欢幼儿园的老师，而是因为他们进了幼儿园就不能和妈妈在一起了。失去了妈妈的情感联结，这对他们来说是一件极其痛苦的事情。

正如美国著名心理学家马斯洛提出的"马斯洛需求理论"里提到的，人在满足了温饱冷暖等生理需求之后，还需要满足安全感以及归属和爱的需求。

孩子得到了妈妈在情感上足够的支持和关怀，内心"爱的水杯"是满满的状态，他才能自发自主地学习，主动地去探索更广阔的世界。

（3）营造好氛围

想让孩子主动学习就需要营造一个好的氛围。

如果家庭气氛紧张，孩子就会缺乏安全感，他需要调动大量精力去抵抗家里的异常气氛，自然很难做到认真学习。

在一个温馨的家庭氛围里，孩子不需要分散自己的精力去抵抗家里的异常氛围，只需要静下心来安心地学习和玩耍。

（4）提高趣味性

每次我给乐乐穿睡衣的时候，我都会用英文告诉他："Let's put on your pajamas（我们穿上睡衣吧）。"

每天这样重复，乐乐当然能听懂这个单词，但是他从来不会主动说这个单词。

有天晚上，我跟他玩了一个"找睡衣"的游戏。在这个游戏中，我扮演一个冻得瑟瑟发抖的妈妈，然后让他帮我找睡衣。乐乐很喜欢这个简单的游戏，玩得兴高采烈，不停地喊："Pajamas，Pajamas..."

孩子都喜欢玩游戏，因此用游戏的方式教给孩子文化知识，不失为一个好方法。这样一种富有趣味性的教学方法，更容易受到孩子的欢迎，也更容易激发孩子的学习兴趣。

（5）赋予成就感

如果孩子在学习的过程中不能享受到成就感，孩子可能就会对学习失去兴趣，甚至变得不爱学习。

批评孩子，拿孩子跟其他孩子比较，这两种做法最伤害孩子，也最容易剥夺孩子的成就感。

孩子主动洗碗，妈妈不仅没表扬孩子，还批评道："你连碗都洗不干净，真没用！"

孩子努力学习终于考了不错的成绩，妈妈却说："你看邻居家的孩子，这次又得到了老师的夸奖。"

这样的语言，可能很多妈妈张口就来，于是孩子的成就感就被妈妈这样破坏了，孩子努力进取的心思也慢慢消散了。

第九章　我的私房育儿经

孩子每一天都在主动学习，那些在我们看来感到气愤的举动，很可能是他主动学习的方式。如果我们细心揣摩孩子这些行为的动机，对孩子的进步给予肯定和鼓励，并赋予孩子成就感，孩子就会更加主动地学习。

让孩子对作业负责

网上前一阵都在讨论陪孩子写作业的话题，很多家长表示陪孩子写作业总是忍不住大发脾气。

我以前认为陪孩子写作业不至于那么煎熬，可是第一次陪乐乐写作业就一下子改变了我的看法！

幼儿园的最后一个学年，乐乐迎来了第一次家庭作业。作为一个尽职尽责的妈妈，我一定会陪着乐乐写作业，然后我发现陪孩子写作业还真的蛮考验家长的耐心。

乐乐端端正正地坐在书桌前，擦了写，写了又擦，折腾了半个多小时，本子上还是依然没有一个字。我忍不住看了看书桌上的钟表，问道："你为什么总是擦了重写呀？"

乐乐头也不抬地说："写歪了老师会批评的。"

"乐乐，我们不需要追求完美，先写完作业好不好？"我试着开导乐乐，"妈妈觉得你这个字写得很好啊，如果满分是一百分的话，至少可以打九十五分。"

没想到乐乐严肃地说："不行，我要一百分！"

"可是你每个字都要一百分的话，那我们很可能今天写不完哦。"我不死心地提醒乐乐。

乐乐依然说："我就要一百分。"

我以为自己这几年情绪控制能力提高了不少，可是看到乐乐这个样子，我依然烦躁不已。我明白乐乐的天生气质就追求完美，他在作业上这个样子我也能理解。可是，我能理解并不代表我就不生气。

我深吸一口气，试着换到他的立场上思考，然后对乐乐说："妈妈觉得写成这样已经很不错了，但是你依然不满意想要一百分。对吗？"乐乐答："对呀。"我说："好吧，那妈妈尊重你的选择。"

我不再劝乐乐改变想法，也不再告诉他这样下去有可能睡觉前写不完作业，或者可能会为此牺牲下楼玩耍的时间。

这是他的选择，他需要自己去体验这个选择带来的结果。一个月后，乐乐发现自己的效率太低，于是放弃了对完美的追求。

妈妈们在陪孩子写作业时发脾气的原因不尽相同，有的是因为孩子像乐乐这样太追求完美，有的是因为孩子边写边玩，有的则是因为孩子写作业不认真……但不论是哪种原因，让孩子对作业负责的唯一方式，就是让孩子明白作业是他自己的事。

正因如此，我建议妈妈们把培养孩子作业习惯的关键期放在幼儿园的最后一年。因为我们如果在幼儿园的最后一年让孩子养成写作业的习惯，就能放手让他为自己的作业负责。

相反，如果从幼儿园开始，妈妈就担任了"家里作业官"的角色，每天盯着孩子写作业，孩子就会失去对作业负责的意愿，转而依赖妈妈的提醒和监督。这也是为什么我们身边总有一些十多岁的孩子，还在为写作业的事情跟妈妈发生冲突。

尊重孩子的内在节奏

世界著名催眠大师米尔顿·艾瑞克森童年的时候有严重的阅读障碍症，于是常常翻看字典。不过，由于他不知道字典的排序，每次都从第一页开始逐字查找。同学不了解他的情况，以为他喜欢看字典，于是给他起了个"字典"的绰号。

在他十六岁的时候，突然发现字典是按照字母的顺序排序的。虽然他的领悟晚了十多年，但是这让他对英文有了更深的理解。

第九章　我的私房育儿经

一个简单的查字典行为，有阅读障碍症的艾瑞克森用了整整十年才开窍，但是这并不妨碍他成为世界著名的催眠大师。

有些孩子学东西比较慢，父母就会急切地催促孩子，或者剥夺孩子自己探索的权利，这样的做法会破坏孩子内在的学习节奏。如果我们尊重孩子的内在学习节奏，那么孩子的成长将会超出我们的想象。

乐乐中班的时候，主动要求去幼儿园的彩虹数学延时班上课。

一个月后的一天，乐乐突然从书袋里掏出一大沓作业纸（大概有七八张），然后对我说："妈妈，我要写作业了。"

这个时候我才发现，原来他的袋子里积攒了厚厚的一叠作业纸。

第二天接他回家的时候，我才知道，原来老师每节课后都会发一张作业纸。我对这件事一无所知，因此从来没有提醒过他。

乐乐从那天开始突然明白了什么是作业，也是从那天开始，他学会了自我管理。后来，我虽然知道了他会有作业，但我从来没有提醒他，而他每天都积极主动地做作业，遇到困难时才会请求我的帮助。直到现在，乐乐已经读大班了，对做作业仍然充满热情。

每个孩子的内在节奏都不一样，家长要尊重孩子，耐心地等待他开窍的那一天。当孩子不是因为你的提醒，而是自己突然开窍时，他迸发出的能量是超乎你的想象的。

五、今天的慢是为了明天的快

妈妈们聊到自己家孩子时,说的频率最高的一个词就是:磨蹭。

乐乐以前也算"磨蹭"的典范了。

早上叫他起床时,他慢悠悠地睁开眼看我一下,然后闭上眼睛继续睡。如果我再喊他:"乐乐,起床了。"他就会不开心地"哼"一声,然后滚到角落让我不要烦他。如果我再喊他,他就会生气地打我,边打还边喊:"你是坏妈妈,我要睡觉。"

给他把衣服放到床上,我就去忙我的了。五分钟之后,我到卧室一看,他还躺在床上看着天花板发呆。于是,我提醒道:"乐乐,赶紧穿衣服。"可是,乐乐依然一动不动。

这时,我真的很想对他大喊:乐乐,你太磨蹭了,抓紧时间!

可是,我清楚地知道单纯地依靠父母的催促,并不能改变孩子"磨蹭"的毛病,也不能让孩子树立时间观念。实际上,没有任何外力可以帮助孩子变成一个动作很快的人,只有孩子自己的内在意愿才能做到。

如果有人一直在我耳边不停地催促我,我就会烦躁,甚至更不想动。而让

第九章　我的私房育儿经

我按照自己的步调前行，我可能就会做得很好，这和我中学时参加800米测试是一个道理。

中学的时候我很喜欢跑步，不过我并不是那种爆发力特别强的人。所以，我每次总是保持一个自己觉得舒适的状态。记得当时我们学校的操场是每圈二百米，我就这样匀速地跑着，一般跑到第二圈的时候，我就排到中间的位置了。到最后一圈的时候，我会开始冲刺，然后拿到不错的名次。

很多同学从起跑时就会用力，但我从不相信"赢在起跑线"这一说法。我自己的人生经历也验证了这一说法的不可靠，不论是跑步，还是学习，我都是那个在起跑线看起来就输掉的人，但我最后还是赶超很多人，得到了还不错的成绩。

好的东西值得等待，好的习惯会让孩子受益一生。培养孩子的时间观念，值得父母耗费时间和精力。为了培养乐乐的时间观念，我大概花费了两年的时间。

下面我向大家分享一下我培养乐乐时间观念的方法，希望这些方法能给大家一些启示。

游戏力

孩子赖床很正常，妈妈们需要开动脑筋想出"诱惑"孩子睁开眼睛的办法。只要孩子睁开了眼睛，妈妈们就迈出了叫孩子起床的第一步。

可是，怎样"诱惑"孩子睁开眼睛呢？我建议选用游戏的方法。

很长一段时间，我都用游戏去吸引乐乐的注意力，"诱惑"他睁开眼睛和我一起玩游戏，让他怀着愉快的心情开启崭新的一天。

乐乐习惯了这种"叫醒服务"后，有时还会故意装睡，等我带他玩游戏。

我的"聪明才智"也在叫乐乐起床的时候得到了充分展示，比如，摸着乐乐的肚子唱儿歌，一把抱起乐乐带他"起飞"，带着乐乐一起玩"换衣服魔法秀",边做动作边唱"Brush your Teeth Up and down…"

动作拆解

很多时候,孩子"磨蹭"是因为他们动作不熟练,或者是因为他们能力不足。

乐乐刚开始不会脱衣服,每次让他自己脱,他总会磨蹭很久也脱不下来。后来我发现,把头从衣服里面钻出来的方法不适合乐乐,而先把一只胳膊从袖子里面钻出来的方法更适合他。于是,我就教他如何按照自己的方式拆解动作,完成脱衣服这件事情。乐乐用这个方法脱下衣服后特别开心,经过一次次尝试,他脱衣服的速度提升了很多。

及时鼓励

每次我和乐乐准时到达幼儿园,或者比头一天早一点到达,我都会及时给乐乐鼓励:"今天我们比昨天又早到了两分钟,Yeah, Give me five!(耶,击掌庆祝一下)"然后跟乐乐击掌庆祝。

当乐乐终于学会了自己独自脱衣服,自己独自洗澡,自己独自收玩具,我都会及时地鼓励他,让他看到自己的进步。家长肯定孩子的进步,会促使孩子更加努力地学习新技能。

每日惯例表

乐爸有段时间喜欢放《小猪佩奇》的故事哄乐乐睡觉,可是乐乐一听这个故事就停不下来,经常听到10:00还没睡着。于是,乐乐第二天早上就想赖床，虽然我使出各种方法让乐乐顺利起床，但是给乐乐穿衣服时，他还是不肯好好配合。因此，早上就会特别匆忙，有时甚至连晨读的时间也没有。

后来，我提议设计一张每日惯例表，在这个表上会显示几个关键的时间：

① 早上7：00 起床；
② 早上7：30 出门；
③ 晚上6：00 吃完饭；
④ 晚上7：30 准备洗漱；
⑤ 晚上8：00 睡前故事；
⑥ 晚上8：30 准时睡觉。

有了这张惯例表之后，每天我只需要问乐乐："如果我们想要早上准时上学，我们晚上要几点睡觉啊？"乐乐听后就会跑到这张表前查看，然后告诉我："妈妈，我们要晚上7：30开始洗漱，8：30准时睡觉。"

利用辅助工具

"牛听听"买了很久，但是我一直把它的功能局限在给孩子做各种启蒙上，没有想到和时间管理结合起来。

前一段时间，我萌生了把"牛听听"的"自动熏教功能"和起床闹钟，以及晚上洗漱提醒结合起来的想法。所以，我让乐乐挑选了早上起床的熏教音频。乐乐有段时间听的是唐诗，后来让我换成了孙敬修爷爷的《西游记》故事。晚上8：00的洗漱提醒，我建议乐乐选择古典音乐，乐乐表示认同。

有一段时间，乐乐的爷爷奶奶回老家了，乐爸出差了，家里只剩下我和乐乐。我既要带乐乐又要工作，还要给乐乐做饭，因此比较累。于是，那段时间我起得比较晚，乐乐听到"牛听听"响就会自己起床洗漱，然后叫我起床。

在引导孩子的过程中，可能会出现作业还没做完就到了睡觉的时间，也可能会出现孩子闹情绪不肯配合家长引导的情况。这个时候，家长一定要保持好心态，不批评孩子并接纳这种意外情况的发生。要知道，今天的慢，是为了明天的快。

　　也许你的孩子，做什么事情都比别人慢，但那不是你代替他去做的借口，更不是你强迫他按照你的节奏做的借口，只有先接纳孩子的慢，再用智慧的方法去加以引导，今天慢的他才会拥有一个快的未来。

　　更何况，就算慢一点，又有什么关系呢?

第九章 我的私房育儿经

六、教会孩子从错误中学习

每个妈妈都希望孩子同样的错误不要犯两遍，于是孩子犯错后就会一直对孩子讲道理，说一遍不听，就说第二遍；说第二遍不听，就说第三遍……直到孩子开始对我们关闭耳朵，我们才开始反思。

一个妈妈曾告诉我，她在孩子面前就像个透明人，无论她说什么，孩子都当没听见。对此，她感到既沮丧又无奈。

我问她："在孩子犯错误的时候，你的第一反应是不是说教？"

她回答："是呀，孩子犯错误了，当然要说呀。"

我告诉她，正是因为在孩子犯错误的时候总是说教，孩子才越发听不进去。孩子不能阻止妈妈说教，于是他会在大脑中自动形成一种自我保护机制，即听而不进。这样，既满足了妈妈说教的欲望，也保护了孩子的幼小心灵。

一个周六，深圳下了一场大雨，雨停后，我和乐爸带乐乐出去吃午饭。走到分叉口的时候，乐乐说："我要从这条路走。"

我和乐爸觉得那条路距离茶餐厅较远，于是对乐乐说："咱们从另一条路走吧。"乐乐听后很不高兴，走到有积水的地方，突然蹲在地上发脾气："我

六、教会孩子从错误中学习

就要走那条路！"

看着他打湿的衣服，那一刻我忽然产生了把他拉起来批评一通的念头。觉察到这样做并不一定会取得良好效果，于是我打消了这个念头，走到乐乐面前对他说："妈妈明白没有允许你走那条路，你很生气，可是……"

"我就要走那条路。"还没等我说完，乐乐就委屈又倔强地大喊。

我暗暗劝自己沉住气，然后接着对乐乐说："嗯，妈妈知道你想走自己选择的路，那待会儿你来决定剩下的路怎么走，好吗？"

乐乐这才愿意站起来。

他的衣服挨到了地面，地上的积水浸湿了衣服。

我问他："你刚才蹲在地上，衣服都打湿了，你觉得难受吗？"

乐乐噘嘴说："我很舒服！"

我知道他还在气头上，所以没有继续这个话题。

走了几步，乐乐可能感觉不舒服了，他叉着腿一摇一摆地走路，那样子就如一只小鸭子。

来到茶餐厅，乐乐吃到了喜欢的菠萝油和红薯丸子，他放下了刚才的情绪，主动对我说："妈妈，我觉得裤子湿了不舒服。"

我没有趁机对他说教，而是设法为他解决问题。

"嗯，打湿了确实会很不舒服，但是妈妈没有带换洗的衣服。我去卫生间拿几张擦手纸给你隔一下吧。"我对乐乐说道。

给他在浸湿的裤子和腿之间垫上纸巾后，我问他："现在舒服一些了吗？"

乐乐回答："舒服一些了。"

吃过饭，回家给乐乐换了裤子，我问道："今天哪些事情是你主导的呀？"

乐乐说："今天玩拼图是我主导的。"

我继续问："还有吗？"

乐乐："今天吃红薯丸子是我主导的，听故事也是我主导的。"

我笑着提醒他："蹲在地上是不是也是你主导的呢？"

263

第九章　我的私房育儿经

乐乐红着脸说:"是。"

我继续问他:"那今天你主导的事情里哪些让你特别喜欢呢?"

乐乐说:"玩拼图我喜欢,吃红薯丸子我也喜欢,听故事我也喜欢。"

我继续问他:"哪些让你不舒服呢?"

乐乐说:"蹲在地上让我不舒服。"

我知道他已经学会了从错误中学习,所以没有和他就这个话题继续对话。孩子不需要说教,只需要一个教练式的妈妈去启发他思考。

很多父母想当然地认为,孩子不会自己思考,所以需要大人不断地鞭策和监督。但事实是,孩子能够自主思考,也能够从错误中吸取教训。因此,父母只需要给孩子足够的空间和引导,孩子就会不断进步。

七、拒绝不等于伤害，它通往自由

我曾经是一个不懂得拒绝的人，于是经常为别人的事情整日奔忙，从而忽略自己的事情；也经常答应了别人的事情，却因为自己精力有限而一再延期，甚至失信于人。

具有这样行为特质的人成了妈妈，在面对孩子的眼泪攻势的时候，也很难守住自己的立场。一再地对孩子妥协，可能会害了孩子。因此，在养育孩子的过程中，妈妈要懂得拒绝孩子的不当要求。

有意识地培养拒绝他人的能力

刚开始运营"快乐妈妈大本营"的时候，每天都会收到很多妈妈提出的育儿问题，我总会在第一时间挨个看完，然后及时地回复大家。

一个星期六，我本计划带乐乐去春游，可是在出发之前忽然收到了一个妈妈的私信。这个妈妈向我提出了关于婚姻方面的疑问，我本不想理会，可是她

第九章 我的私房育儿经

的语气那么哀伤,我只好临时改变了计划。我在微信上帮这位妈妈分析了很久,又特意打电话过去开导她,可是依然没有解决问题,于是我又答应第二天继续帮她分析……

由于这件事,乐乐盼了好久的春游被迫取消了,他对我不停地哭闹,我安抚了很久才让他停了下来。

现在,我已经具备一定的觉察力,经常有意识地提醒自己,不要让别人的事情打乱自己的生活节奏。

学会拒绝别人之后,我拥有了更多时间关爱自己和家人,我的生活也变得无比轻松。

拒绝不代表伤害

在给乐乐断奶的时候,由于我不懂拒绝,严重地伤害了乐乐。

我是一个坚定的母乳喂养者,原本计划母乳喂养乐乐到两岁。可是,在乐乐一岁零七个月的时候,公司安排我去总部开一个很重要的会议,不得已,我只好提前给乐乐断奶。

我深知断奶不当会给孩子造成很大的创伤,所以上网查询了各种断奶的方法,并提前一个月为断奶做准备。我逐步减少白天喂乐乐母乳的次数,成功地断掉了白天的母乳,可是断夜奶的时候遭遇了麻烦。

乐乐早已习惯了睡前吃母乳,半夜醒来也要吃母乳,让他忽然不吃母乳就睡觉,他自然不习惯。不到两周的孩子表达不满的方式只有一个,那就是大哭。刚开始,乐乐哭泣的时候,我还能安抚他。他哭累了会休息一会儿,然后很快会开启第二轮的哭闹,我虽然继续安抚他,但是心里已经焦虑了。当他开启第三轮哭闹时,已经到半夜了。焦虑、烦躁、着急、心疼等情绪,这时已经把我吞噬,我最终选择了妥协。于是,断夜奶一次次失败了。

两天后我就要出差,断夜奶的事情迫在眉睫,我只能选择隔离断奶——晚上让乐乐跟着爷爷奶奶睡觉。我知道隔离断奶会对孩子造成很大的创伤,可是我不得不这样做。为了弥补断奶带给乐乐的创伤，我只能在白天多多陪伴他，跟他做好情感联结。

现在，每当回忆起当时的场景，我的心依然很痛。

当时的我错误地认为：拒绝就等于伤害。于是，我无法接纳拒绝造成的结果，却没想到这会给孩子造成更大的伤害。如今，我终于发现，给孩子造成伤害的不是拒绝，而是拒绝之后没有给出任何情感的回应。

拒绝孩子的要求后，如果能够陪孩子克服不良情绪，并不一定会伤害孩子；担心拒绝孩子的要求会伤害他，就无限制地满足孩子不合理的需求，反而会形成溺爱。因此，家长们要管理好自己的情绪，守住自己的立场，不能无底线地满足孩子的要求。

害怕拒绝有哪些原因

我们害怕拒绝同龄人，通常是出于担心惹怒对方，使对方不喜欢自己，从而失去朋友，影响自己的人际关系。

我们害怕拒绝孩子，通常是出于担心孩子哭闹不休。因为孩子的哭闹，会让我们产生愧疚感和无力感，有时甚至让我们觉得自己这个妈妈当得不合格。

怎样做才能让我们避免出现这种心理呢？首先我们要重建认知。

我拒绝了这件事情，并不等于不喜欢你，也不等于你提出的要求不合理，更不等于我不喜欢你，而仅仅是因为我并不想这样做。

当我被别人拒绝，并不意味着我做错了，也不意味着我不值得爱，更不意味着我的要求不合理，而仅仅是因为对方不想这样做。

其次，我们需要学习一些正确拒绝他人的方法。

（1）拒绝时，不带任何评判

比如，孩子想吃五颗棒棒糖，但是他不能吃那么多，那我们拒绝的时候，如果这样说就是批判——"你怎么那么不懂得爱惜自己的牙齿呀？之前约定好的只能吃一颗，你真是一个说话不算话的孩子！"

第九章　我的私房育儿经

（2）拒绝时，就事论事，不要翻旧账

依然是孩子要吃棒棒糖的场景，如果你说："你看你，之前吃那么多糖，都有蛀牙了。刚去看完医生，现在还不懂得克制自己。你上次也是这样，说只能吃一颗，吃完了还要吃，每次都要跟妈妈讨价还价。"

这就是翻旧账。

（3）拒绝时，肯定对方的需求

拒绝孩子而不对孩子造成伤害，最关键之处是肯定孩子的需求。

孩子要吃五颗棒棒糖，站在孩子的角度想这并没有错，妈妈认为错了是因为她们站在成年人的角度来看这个问题。

所以，当乐乐突然跟我提出要买一辆奔驰牌的房车时（看《小猪佩奇》里面有房车），我会告诉他："嗯，你的需求很重要，但是现在爸爸妈妈没有那么多钱买。"然后告诉乐乐，我们想要的东西，通过努力就一定可以得到。

学会了正确地拒绝他人的不合理要求，我们才能享受到自由的味道。

拒绝不等于伤害，它通往自由。

八、如何培养有自主判断力的孩子

自主判断力是如何形成的

一个周六,我带四岁半的乐乐去公园玩。公园的门口有个叔叔正在卖糖葫芦,他见后嚷着要吃糖葫芦,于是我给了他十元钱,让他自己去买。

乐乐:"叔叔,糖葫芦多少钱?"

叔叔:"大的五元,小的三元,小朋友买串大的吧。"

乐乐:"我要小的。"

叔叔:"来串大的嘛,大的你看很多哦。"

乐乐:"我要小的。"

叔叔:"你跟妈妈说要串大的,大的也不贵。"

乐乐:"我要小的。"

买完之后,我好奇地问乐乐:"刚才是什么原因让你决定买小的,不买大的呢？"

乐乐："大的太大了。"

我："你是觉得自己吃不了大的那串，对吗？"

乐乐："是呀，我要保护我的肚子。"

乐乐从小就特别坚定地遵从自己的意见，不论别人给他多少建议，用多少东西诱惑他，他都不会改变主意。而我也会尊重他的意见，尽可能让他自己去选择和判断，并让他承受自己选择和判断带来的结果。

错误的观念：我知道你的感受，而你不知道

孩子说自己吃饱了，妈妈还在一直劝孩子："来，再吃一口，多吃点才能长高长壮。"

孩子热得直出汗，孩子奶奶却说："我穿两件还冷呢，再给孩子加一件衣服吧！"

孩子哭着说"我不要上幼儿园"，父母却说："幼儿园多好玩啊，那么多小朋友陪你玩多开心啊！"

尊重孩子的感受，说起来容易，做起来却很难，因为我们一不小心就会以自己的感受为先。"我知道你的感受，而你不知道"这样一种错误的观念，一直在指引着我们的行为。

乐乐七个月的时候，我也犯过类似的错误。

有一天，我妈给乐乐吃了一些蛋黄，奇怪的是，他自此以后再也不肯吃蛋黄了。我担心他营养不够，所以总是想方设法给他喂蛋黄。比如，把蛋黄藏在乐乐喜欢的食物下面，然后一起喂他吃，可是他一尝到蛋黄的味道就会发脾气。后来，乐乐变得很精明，当大人给他喂食物的时候，他不会一口吞下去，而是谨慎地先用舌头尝一下，确定没有蛋黄的味道后，才会继续吃。

有的父母认为孩子小，还没形成自己的感受，那就大错特错了。要知道，孩子不会坐、不会爬、不会走时，就已经开始用心感受这个世界了。他们饿了

会哭，看到妈妈会笑，这不就是通过哭闹向大人们表达自己的感受吗？

因此，孩子是有自己的感受的，家长应该尊重孩子的感受。

如何尊重孩子的感受

要做到尊重孩子的感受，妈妈就要有同理心，因为有了同理心，妈妈就不会总是站在自己的角度想问题。

有一次，乐乐说："妈妈，我今天不想去上篮球课。"我问他："为什么不想去啊？"乐乐很烦躁地回答："我就是不想去嘛。"于是我说："好啊，今天不想去就不去。"在这种情况下，我选择了尊重乐乐的感受。我明白乐乐是爱篮球的，他今天或许只是没有上篮球课的心情，但这并不代表他对篮球丧失了兴趣，所以我不会把这个单一的事件上升到他缺乏毅力的层面上，也不会因此断定孩子做事情三分钟热度。

当然，我并不是鼓励大家事事顺着孩子，支持孩子放弃。而是在某些特定的时候，我们不需要那么严格，因为偶尔接纳孩子不想做某件事情的心情，并不会造成严重的后果。就像我们偶尔想翘班出去玩，但这并不意味着，我们从此就不会爱岗敬业。

很多父母可能会担心，充分尊重孩子的感受，孩子做出错误的选择怎么办？我认为，我们应该允许孩子犯错，因为让孩子承受自己选择造成的结果，会促进孩子更快地成长。

有一次，我带乐乐出去吃饭，乐乐看到餐单上的美食图片时，一口气点了四个。我问他："你确定自己能吃完吗？"乐乐很坚定地回答："我能。"虽然我知道他肯定吃不完，但我还是选择了尊重他的想法，把他想吃的都点了。

果然，他吃到一半就吃不下去了，对我说："妈妈，我吃不下了，下次我们还是少点一点吧。"

我问乐乐："那你觉得下次我们点多少比较合适呢？"

乐乐说："我点这个甜品和虾饺，妈妈你再帮我吃一点，就可以了。"

第九章 我的私房育儿经

尊重孩子的感受,会让孩子对自己的感受充分确信,即使其他人给他建议,他也会坚持自己的想法。

给孩子有限的选择

有些孩子有自主判断力,但是因为想要的东西太多,容易陷入纠结之中。

乐乐小时候也是一个经常陷入纠结之中的孩子,为了培养他果断地做出选择的能力,我经常给他提供有限的选择。

比如,去超市买零食,乐乐说:"妈妈,我想要饼干、海苔、棒棒糖。"我会问他:"假如今天只买一样,你想要哪个?"他会思考片刻,然后回答:"棒棒糖。"

有时候,我还会通过有限选择,让乐乐学会区分:想要、需要和重要的区别。

比如,有一次带乐乐去商场买泳衣。刚进商场,乐乐就被里面五颜六色的装饰吸引了,然后便玩了起来。

我问乐乐:"乐乐,你现在想在这里玩,是吗?"

乐乐回答:"是啊。"

我提醒乐乐:"那你还记得我们来商场是为了做什么吗?"

乐乐:"买泳衣。"

我:"那你觉得玩和买泳衣,哪个更重要?"

乐乐:"买泳衣。"

我:"好,那我们先做重要的事情,买了泳衣再过来玩,好吗?"

乐乐:"好。"

买完泳衣,路过旁边的开放式超市,乐乐又被货架上各种漂亮的杯子吸引了。

我:"你很想要这个杯子是不是?"

乐乐:"是。"

我："这是你想要的，想要和需要是两个概念。需要的意思是，我们没有杯子喝水，需要买一个；或者，原来的杯子你不喜欢了，需要换一个。但我们家有很多杯子，你觉得还需要吗？"

乐乐："不需要了。"

我："对呀，喜欢的东西，如果不需要，就不用买回家。"

想要孩子做事果断，拥有自主判断力，我们在陪伴孩子的过程中，就要学会尊重孩子的感受，引导孩子找到自己最想要的那个选择，并且帮助孩子区分"想要""需要"和"重要"的不同。